O CÁRCERE DA AGONIA

a superação dos sobreviventes

CONTRACORRENTE

José Louzeiro
Marcos Meira
André Di Ceni

O CÁRCERE DA AGONIA

a superação dos sobreviventes

SÃO PAULO
2022

CONTRACORRENTE

Alameda Itu, 852 | 1º andar |
CEP 01421 002
www.loja-editoracontracorrente.com.br
contato@editoracontracorrente.com.br

EDITORES
Camila Almeida Janela Valim
Gustavo Marinho de Carvalho
Rafael Valim
Walfrido Warde
Silvio Almeida

EQUIPE EDITORIAL
COORDENAÇÃO DE PROJETO: Juliana Daglio
REVISÃO: Graziela Reis
PREPARAÇÃO DE TEXTO: Douglas Magalhães
REVISÃO TÉCNICA: Amanda Dorth
DIAGRAMAÇÃO: Pablo Madeira
DESIGN DE CAPA: Maikon Nery
ILUSTRAÇÃO DA CAPA: Alex Flemming

EQUIPE DE APOIO
Fabiana Celli
Carla Vasconcelos
Fernando Pereira
Valéria Pucci
Regina Gomes
Nathalia Oliveira

Dados Internacionais de Catalogação na Publicação (CIP)
(Câmara Brasileira do Livro, SP, Brasil)

Louzeiro, José
O cárcere da agonia : a superação dos sobreviventes / José Louzeiro, Marcos Meira, André Di Ceni. -- São Paulo : Editora Contracorrente, 2022.
ISBN 978-65-5396-014-5
1. Cárcere privado 2. Depoimentos 3. Detenção de pessoas - Brasil 4. Histórias de vida 5. Relatos pessoais 6. Prisão - Brasil I. Meira, Marcos. II. Ceni, André Di. III. Título.

22-110352 CDD-920.71

Índices para catálogo sistemático:
1. Relatos pessoais : Histórias de vida 920.71
Aline Graziele Benitez - Bibliotecária - CRB-1/3129

@editoracontracorrente
Editora Contracorrente
@ContraEditora

No ventre de nossa mãe, de onde viemos, não se aprende nada. O que adquirimos, de bom e ruim, aprendemos com as pessoas que já se encontravam neste mundo antes de nós e com os que vieram depois.

Ninguém nasce bandido ou herói. A necessidade e a oportunidade criam o belo e o feio. O horror é um ponto de vista de quem vê as coisas.

Somos nós, culpados ou inocentes?

ÂNGELO FERNANDES
(Nome fictício),
egresso do sistema prisional baiano

SUMÁRIO

SOBRE OS AUTORES

JOSÉ LOUZEIRO (em memória)

José de Jesus Louzeiro nasceu em 19 de setembro de 1932, em São Luís, Maranhão. Aos 16 anos, já se iniciava no jornalismo, na condição de aprendiz de revisor gráfico.

Em janeiro de 1954, transferiu-se para o Rio, onde trabalhou em várias revistas e jornais, como *Revista da Semana*, *Manchete*, *Diário Carioca*, *Última Hora* e *Correio da Manhã*. Em São Paulo, esteve nas redações da *Folha* e do *Diário do Grande ABC*. Foi repórter policial durante mais de 20 anos.

Sua estreia na literatura ocorreu em 1958, com o volume de contos intitulado *Depois da Luta*. Daí em diante foram mais de 50 livros, com destaque para *Infância dos Mortos* (argumento para o filme *Pixote* de 1981); *Lúcio Flávio, o Passageiro da Agonia*; *Aracelli, Meu Amor*; *Em Carne Viva* (lembrando o drama de Zuzu Angel e de seu filho Stuart Angel, mortos durante a ditadura) e *Elza Soares – Cantando para não enlouquecer.*

No cinema e na televisão, atuou como roteirista em filmes como *Pixote*, *Lúcio Flávio, o Passageiro da Agonia* (homônimo ao livro) e O *Homem da Capa Preta*, dentre outros. Sua novela *Corpo Santo,* de 1987, foi eleita a melhor daquele ano pela crítica especializada, e Louzeiro recebeu o prêmio APCA como roteirista.

Faleceu em 29 de dezembro de 2017, aos 85 anos, vítima de complicações decorrentes do diabetes.

MARCOS MEIRA

Nasceu em 1973, em Salvador - BA. Advogado, mestre em Direito Processual Civil e doutorando em Direito Administrativo, ambos pela PUC-SP. Procurador do Estado de Pernambuco, presidente da Comissão Especial de Direito de Infraestrutura do Conselho Federal da Ordem dos Advogados do Brasil e membro do Fórum Nacional de Precatórios – FONAPREC, instituído no âmbito do CNJ. É ainda especialista em Direito Tributário pela Fundação Getúlio Vargas – FGV, em direitos humanos, responsabilidade social e cidadania global pela Pontifícia Universidade Católica do Rio Grande do Sul – PUCRS e com diversos artigos e textos publicados em periódicos, jornais de notícias e revistas.

ANDRÉ DI CENI

Nasceu em 13 de dezembro de 1981, em Duque de Caxias, na Baixada Fluminense. Roteirista, formado em Letras e pós-graduado em Jornalismo Político, atuou durante anos na colaboração de pesquisas e entrevistas para projetos de José Louzeiro e faz sua estreia literária nesta obra. Foi ainda parceiro do escritor em roteiros cinematográficos a serem lançados.

PREFÁCIO

Antes de qualquer consideração, presto especial homenagem ao saudoso escritor José de Jesus Louzeiro, que nos deixou em 2017. José Louzeiro tomou conhecimento dos resultados dos mutirões carcerários, sobretudo, em sua terra natal, São Luís do Maranhão e, com a mesma sensibilidade que dedicou aos seus mais de 50 livros, cuidou de deixar mais este legado que enriquece a literatura nacional.

Parabenizando também os demais autores por esta obra primorosa de resgate dos relatos dos mutirões carcerários promovidos pelo Conselho Nacional de Justiça (*CNJ*) e honrado pelo convite para apresentá-la, tomo a liberdade de contextualizar esse tema, que, em face do momento histórico, exigiu muita seriedade em sua abordagem.

Recordo-me da visita ao Supremo Tribunal Federal, em dezembro de 2007, da alta comissária das Nações Unidas para Direitos Humanos, Louise Arbor, que apontou para o calamitoso caso da jovem de Abaetetuba que ficou quase um mês presa em uma cela com 20 homens sem que ninguém, aparentemente, disso se desse conta.

Os mutirões carcerários do *CNJ*, iniciados em 2008, demonstraram que, infelizmente, não se cuidava de um caso isolado. Muitos eram os episódios de violações a direitos humanos básicos nos presídios brasileiros. No mutirão da Bahia, em 2009, por exemplo, quando a equipe inspecionava um hospital de custódia em Salvador, descobriu-se o interno Antônio, recolhido no estabelecimento desde 2000, sem formação de culpa, sem instrução de seu processo, sem previsão alguma para o fim de sua internação que, pasmem, era compulsória e provisória há nove anos. Bento também ocupava uma vaga no mesmo hospital desde 2007, sob a acusação de que, reiteradamente, utilizava-se de telefones públicos para efetuar falsas comunicações de crimes à polícia. Por este delito, cuja pena, em tese, estaria prescrita, estava custodiado há dois anos. Fora preso em flagrante em 2007, teve sua prisão mantida e, mais adiante, teve contra si instaurado incidente de insanidade mental. Depois, houve uma declinação de competência e, por fim, uma redistribuição do feito. Nestes quatro momentos processuais, a prisão de Bento poderia ser revista, mas cumpriram-se apenas formalidades legais, nas quais o foco não era a pessoa custodiada.

No Estado da Paraíba, alguns presos aguardavam meses para serem libertados após a extinção da pena, aprisionados ainda à burocracia da Justiça. Outros continuavam com seus processos ativos mesmo com a pena extinta, correndo o risco de novamente serem presos sem título judicial válido, como de fato aconteceu, segundo relatos. Também na Paraíba, Carlos estava ainda preso quando do mutirão carcerário do *CNJ* em 2009. Com parecer favorável do Ministério Público, a pena estava extinta por decisão judicial desde 2004, mas o alvará de soltura não havia sido cumprido porque uma certidão dava conta de que existiam outras pendências que nunca foram confirmadas.

No Espírito Santo, foi encontrado um homem provisoriamente preso há onze anos e uma mulher em estado terminal em decorrência de um câncer, a qual ainda estava encarcerada. Não havia um olhar humanitário sequer que a colocasse em condições dignas, assim como ocorreu em Goiás com outro preso que havia sido condenado a três anos e seis meses por porte ilegal de arma de fogo, mas, acometido de câncer de próstata desde o momento da condenação, não tinha o tratamento adequado. Durante os trabalhos foi transferido para o regime semiaberto em outra localidade mais próxima aos familiares para que tivesse os cuidados necessários.

Por fim, no Estado do Ceará, dezenas de pessoas foram libertas porque haviam sido presas irregularmente, com pendências processuais das mais diversas, como a mora de vários anos para o início da instrução, a ausência de citação ou a falta de alguma intimação.

Os nomes aqui citados são fictícios, mas suas histórias correspondem a processos judiciais reais, representativos de inúmeros outros em situações análogas, de pessoas esquecidas pelo sistema prisional e reveladas nos relatórios dos mutirões carcerários do *CNJ*. Por esta razão que, no meu discurso de posse na presidência do conselho, em março de 2008, ao apontar as mazelas que assolavam o sistema carcerário e as dificuldades para identificar as efetivas condições jurídicas de nossa população carcerária, citei casos que chocavam a todos, como os de menores recolhidos em prisões de adultos e outros atentados inadmissíveis às garantias individuais dos cidadãos.

Não se imaginava, entretanto, que fossem tantos os casos de flagrante desrespeito às garantias constitucionais. Em menos de dois anos de revisão das prisões, foram expedidos mais de 20.000 alvarás de soltura. Procurei acompanhar pessoalmente as inspeções em diversos desses presídios. Estive no Talavera Bruce (Bangu – RJ), no Santa Luiza (Maceió – AL), no Complexo Penitenciário Anísio Jobim (Manaus – AM), no Presídio de Pedrinhas (São Luís – MA), na penitenciária de Segurança Média II (Viana – ES), dentre muitos outros. Havia a preocupação não só de enfrentar o grave problema do encarceramento abusivo, mas também de adotar medidas que dificultassem a continuidade daquele estado de coisas desumano. Nesse sentido, também importa verificar, como legado dos mutirões, os vários atos normativos sobre o tema, como forma de assegurar a fiscalização e a regularidade das prisões. Foram diversas normas editadas pelo Conselho Nacional de Justiça institucionalizando mecanismos essenciais para a garantia do devido processo legal e da ampla defesa dos acusados, tais como a revisão periódica das prisões provisórias e definitivas, as medidas de segurança e internações de adolescentes e o controle do cumprimento de alvarás de soltura.

Ainda como legado dos mutirões carcerários, com o objetivo de institucionalizar as atividades correlatas, foi criado o *Departamento de Monitoramento e Fiscalização do Sistema Carcerário e do Sistema de Execução de Medidas Socioeducativas*, o *DMF*, integrado ao *CNJ*, com atuação na fiscalização e no controle do cumprimento das penas, além da atuação na proposição de medidas saneadoras de eventuais irregularidades no sistema prisional. Registre-se, também, a importância do *Projeto Começar de Novo*, instituído em novembro de 2009. Esta iniciativa visa sensibilizar os órgãos públicos e a sociedade civil para que forneçam postos de trabalho e cursos de capacitação profissional para presos e egressos do sistema carcerário, promovendo a cidadania e, consequentemente, a redução da reincidência de crimes.

Para concluir, é impossível falar na necessidade de melhoria do sistema prisional sem que se faça referência aos mutirões carcerários, à experiência neles colhida e os resultados reveladores. As irregularidades constatadas foram tantas que o discurso fácil e escapista de atribuir somente aos departamentos do Poder Executivo toda a responsabilidade pelas mazelas do sistema ficou superado, pois a falha aqui é generalizada e pode ser atribuída a todos os órgãos do sistema de justiça, conforme apontaram os relatórios do *CNJ*, que, a partir dessa experiência, enriqueceu o seu discurso e passou a exigir parâmetros de legalidade para as prisões. Os mutirões evidenciaram situações desumanas que não permitiriam os braços cruzados diante da tragédia ocasionada por uma omissão de décadas institucionalizada de todos os responsáveis pelo sistema carcerário brasileiro.

Com estas considerações, ouso dizer que a presente obra, além do resgate histórico, marca, no Brasil, o trabalho de vigilância e de revisão das prisões, que deve ser permanente e interinstitucional para que os casos emblemáticos trazidos à lume passem cada vez mais a serem exceções, e não regra.

GILMAR FERREIRA MENDES

Ministro Decano do Supremo Tribunal Federal

APRESENTAÇÃO

Para a composição deste livro, foram necessários grande esforço e dedicação de todos os envolvidos no projeto, uma vez que o país foi percorrido de Norte a Sul para mostrar a realidade do sistema carcerário em ao menos um estado de cada região. Tivemos início em 2012, porém, devido a fatores externos, principalmente por motivo de doença e posterior falecimento de um dos autores, nosso querido José Louzeiro, o lançamento foi adiado algumas vezes antes de chegar o momento de apresentar os relatos surpreendentes de quem realmente viveu o perverso sistema prisional brasileiro. As histórias narradas, considerando idades e outras informações, estão baseadas no período compreendido entre 2012 e 2020, quando das entrevistas e pesquisas.

Apesar de ter como premissa narrar a atuação dos mutirões carcerários – *ação inovadora e revolucionária, tão essencial em um país onde se enclausura em massa, sobretudo os mais pobres e negros* –, o trabalho foi bem mais amplo, abordando o sistema prisional como um todo. Não somente para apontar as mazelas, mas, principalmente, para mostrar bons exemplos que deram certo, de pessoas e entidades que realmente se preocupam com o bem-estar e a ressocialização do encarcerado.

Embora os entrevistados não se opusessem, ao contrário, a maioria fez questão de contar suas histórias para servir como exemplo de superação, optamos pela utilização de nomes fictícios para os detentos e egressos, bem como de pessoas correlatas, a fim de evitar a exposição e possíveis consequências pessoais, permanecendo verídicos os fatos narrados e os nomes de magistrados, defensores, servidores e demais agentes públicos ou privados envolvidos nos casos.

Desde já, deixamos claro que as histórias dos entrevistados, na maior parte, foram fornecidas pelos próprios, uma vez que muitos egressos ou detentos reclamam justamente da dificuldade de obterem o espaço suficiente para contarem suas versões dos fatos. Porém, tomamos o cuidado de checar as informações com os servidores e outros agentes que acompanharam os processos. Não tomamos partido, deixando este dever para a ponderação das autoridades competentes e para a avaliação do leitor, o qual tem total liberdade de crer ou não nos relatos. O que não podemos é nos furtar de reconhecer que aquele que cometeu qualquer delito deva ter direito à ampla defesa através de julgamentos isentos de parcialidade e, uma vez condenado, que cumpra sua pena em condições dignas de humanidade.

Sobre os mutirões carcerários promovidos pelo Conselho Nacional de Justiça (*CNJ*), a ideia surgiu depois que um caso de graves violações dos direitos humanos ocorrido no Estado do Pará, em 2007, alcançou proporções internacionais quando uma menina, de apenas quinze anos de idade, foi mantida presa por vinte e seis dias em uma cela com mais de vinte homens no município de Abaetetuba, sendo obrigada a manter relações sexuais constantes em troca de comida. A repercussão foi tão grande que o governo brasileiro foi acionado pela *Comissão de Direitos Humanos* da *ONU*. Diante deste quadro alarmante, o então presidente do Supremo Tribunal Federal e do *CNJ*, ministro Gilmar Ferreira Mendes, reuniu, no ano de 2008, uma equipe de magistrados incumbida de solucionar o caos em que havia se tornado o sistema carcerário brasileiro. Coube a um de seus homens de confiança à época, o juiz federal paranaense Erivaldo dos Santos Ribeiro, coordenar a equipe responsável por tentar revolucionar o sistema prisional. Este livro vai focar no primeiro período em que perdurou a iniciativa, entre os anos de 2008 e 2014, mostrando suas realizações e legados entrelaçados pelas histórias de quem viveu de perto a realidade do cárcere, ao estilo romance-reportagem consagrado por José Louzeiro.

Casos como o da jovem de Abaetetuba não podem continuar ocorrendo e serem tratados com tamanha naturalidade. No decorrer deste livro, o leitor se deparará com várias outras histórias absurdas; perceberá, contudo, que, com o mínimo de boa vontade e apoio dos órgãos responsáveis, além da conscientização da sociedade civil como um todo, há luz no fim do túnel com as ótimas iniciativas mostradas nos estados que, infelizmente, não têm a devida visibilidade.

Um país que almeja ser considerado civilizado não alcançará tal *status* enquanto não passarmos a enxergar de outra maneira uma parcela considerável de indivíduos que, embora muitos não desejem, fazem parte da sociedade e inevitavelmente retornarão ao convívio social. Cabe a nós estarmos preparados ou não a recebê-los.

CAPÍTULO I

SÚPLICAS NORDESTINAS

1.1 Ceará

Período de entrevistas: de 14 a 21 de maio de 2012.

De acordo com o *Sistema Integrado de Informações Penitenciárias* (*InfoPen*), em maio de 2009, base da preparação dos trabalhos, a população prisional do Estado do Ceará era de 13.307 pessoas, sendo 12.799 homens e 508 mulheres, internados em 300 unidades prisionais, entre penitenciárias, colônias agrícolas, cadeias públicas e hospitais psiquiátricos. Na mesma época, a capacidade de ocupação das unidades prisionais era de apenas 7.993 vagas, o que representava um déficit de 5.314 novas vagas.

Estas informações constam no relatório final do juiz federal Marcelo Meireles Lobão, responsável pelo primeiro mutirão, ainda em 2009. O magistrado, que já atuou em diversos estados, lembra que os dados estatísticos revelam que a iniciativa do Ceará foi de longe a que resultou maior quantidade de solturas e concessão de outros benefícios. O estado foi também aquele em que se encontrou o maior número de penas vencidas. Um dos maiores efeitos dos trabalhos se deu pela criação de mais duas Varas de Execuções Penais, visto que a comarca de Fortaleza dispunha de apenas uma para a análise de todos os processos.

Em sua opinião, o maior obstáculo enfrentado no primeiro mutirão do Ceará foi a demora na expedição de certidões de comportamento carcerário e realização de exames criminológicos. Além disso, no final dos trabalhos, muitos presos beneficiados não foram localizados nas unidades do estado. Não havia a certeza se eram foragidos ou se estavam simplesmente "perdidos" em alguma unidade do interior, tamanha a deficiência organizacional dos prontuários. Ficou assombrado ao ver a desorganização dos documentos de presos do semiaberto quando realizou inspeção na Colônia Agrícola do Amanari.

Durante o período de nossa estada no Ceará, tivemos ajuda irrestrita de todos os órgãos participantes dos mutirões, em especial a Defensoria Pública, através do *Núcleo de Execuções Penais*, sob o comando da defensora Aline Miranda. Na busca por histórias de beneficiados pelo mutirão, não poderíamos deixar de começar por um "personagem" que, mesmo não tendo sido contemplado diretamente pela iniciativa, foi um parceiro fundamental na ressocialização de muitos egressos.

Raimundo José: persistência e comunidade

Se pudéssemos definir Raimundo em uma só palavra, esta seria *superação*. Com personalidade incomum de liderança, fundou em 1985 o *Sindicato dos Empregados de Asseio e Conservação do Estado do Ceará*, sendo seu presidente durante oito anos. Foi justamente em uma das várias lutas travadas na defesa dos trabalhadores, quis o destino que, em uma audiência, ele conhecesse aquela que seria seu grande amor e companheira. Marta era chefe do departamento de pessoal de uma empresa, ou seja, os dois estavam em lados opostos, o que não impediu que surgisse um sentimento de respeito e admiração mútuo, que logo depois viria a se tornar uma grande paixão. Passaram a namorar, às escondidas, pois nem os companheiros de sindicato de Raimundo e nem os patrões de Marta poderiam saber dessa "traição". Tempos depois, ambos abriram mão de suas funções para viver esse amor proibido e decidiram iniciar um comércio próprio.

Quando tudo parecia estar na mais perfeita felicidade, até mesmo com o nascimento do único filho do casal, eis que Raimundo começa a se envolver com "pessoas sem futuro", como a própria Marta define, as quais o levaram a cometer pequenos delitos. Caiu nos vícios de álcool e de drogas, o que obrigou sua esposa a abandoná-lo por alguns meses. Porém, o amor falou mais alto e Marta resolveu voltar para tentar tirar o marido desse desvio.

Depois de um período "nos eixos", Raimundo é levado, novamente ao mundo do crime, desta vez, praticando o seu ato mais grave. Segundo a denúncia do Ministério Público do Ceará, no dia 24 de novembro de 2000, Raimundo José e mais dois comparsas invadiram uma transportadora e renderam os vigias do local. Em seguida, roubaram um caminhão cheio de mercadorias. Raimundo estava ao volante. A ação ocorreu em uma sexta-feira, em plena luz do dia. Alguns quilômetros à frente, o trio se deparou com uma barreira policial. Começou uma perseguição, então Raimundo e um outro abandonaram o caminhão para roubar uma motocicleta, mas o primeiro foi atingido, gravemente, por um disparo na perna esquerda durante a fuga e ambos foram presos ao caírem da moto. O terceiro homem conseguiu escapar.

Raimundo sofreu fratura exposta em uma das pernas e, durante alguns dias, ficou no hospital de custódia. Graças à sua advogada, conseguiu o direito de responder ao processo em prisão domiciliar, devido ao risco de infecção no ferimento. Ficou durante oito meses caminhando com auxílio de muletas, o que não o impediu de trabalhar em casa na construção de uma lanchonete, junto com sua batalhadora esposa. Os dois tocavam a vida, honestamente, até que em 2003 ele foi julgado e condenado. A advogada recorreu mais uma vez e conseguiu, junto ao juiz, que aguardasse o recurso em liberdade. Porém, no dia 2 de outubro de 2006, não teve mais como adiar, e Raimundo José foi recolhido para cumprir sua pena de seis anos e oito meses no Instituto Prisional Paulo Sarasate, conhecido como *IPPS*, maior penitenciária do estado, a qual apresentava problemas graves em toda estrutura e funcionamento.

Na penitenciária, o começo foi difícil, todavia, Raimundo aproveitou a situação para reavivar seu espírito de liderança sindical, há muito adormecido pelo desvio ao mundo do crime. Foi trabalhar na horta e em outras atividades, onde conheceu o pastor Salomão, detento muito respeitado, fundador de uma igreja local, a qual Raimundo começou a frequentar e onde começou a mobilizar os demais camaradas a lutarem por seus direitos. Daí, surgiu a ideia de criarem uma associação que pudesse dar mais dignidade aos presos e suas famílias. Coube à sua fiel esposa Marta lutar pela ideia do lado de fora, levando o documento com as bases da futura organização ao secretário de justiça e cidadania do Ceará da época.

A realidade é que havia muitas barreiras para transpor, afinal, o idealizador do projeto estava preso, limitando sobremaneira a busca por parceiros a fim de apoiar suas pretensões. Porém, aos poucos, o movimento foi somando aliados, tais como Bento Laurindo, coordenador do sistema penitenciário, o qual batalhou, pessoalmente, para conseguir a concessão do regime semiaberto do líder sindical, o que ocorreu em março de 2008. Uma vez liberto, Raimundo José foi encaminhado a trabalhar como *motoboy* na própria Secretaria de Justiça, através do *Núcleo de Assistência ao Presidiário e Apoio ao Egresso* (*NAPAE*), órgão este responsável por reinserir os ex-detentos na sociedade e no mercado de trabalho, aliado ao *Projeto Começar de Novo*, iniciativa criada com o advento dos mutirões carcerários. Agora, ele poderia batalhar, livremente, pelos seus projetos.

Em junho de 2009 foi criada oficialmente a *APL* (*Associação dos Privados de Liberdade*), tendo como presidente e fundador Raimundo José, e como vice, Ananias, outro egresso ardoroso lutador pelos direitos dos presos que, ao sair da penitenciária, ingressou no curso de Direito com a finalidade de defender os interesses da *APL*.

Juntos, Raimundo e Ananias batalharam incansavelmente para conseguir implementar um projeto audacioso e pioneiro no Brasil: fundar um assentamento para egressos e suas famílias, onde a comunidade trabalharia para a própria subsistência e receberia verbas com a venda dos excedentes produzidos nas plantações e em atividades artesanais. Além do mais, o local teria que ter condições básicas de saneamento, educação e saúde. A ideia foi proposta ao *INCRA*, que deu um voto de confiança ao projeto, concedendo inclusive um terreno no município de Pentecoste. O problema é que a iniciativa esbarrava em questões burocráticas, mas graças ao apoio da Defensoria Pública, através do *Núcleo Especializado em Execuções Penais*, encontrou-se uma brecha na lei que permitia sua concretização. Mesmo assim, ainda teve que ser levado a Brasília para que fosse aceito.

As conquistas da *APL* cada vez mais animavam seu fundador. No entanto, Raimundo teria que se deparar talvez com o maior dos seus obstáculos: na manhã do dia 21 de maio de 2011, ele se despede de sua esposa de forma entusiasmada, pois no dia anterior, tivera uma produtiva reunião a respeito do assentamento. Saiu em sua motocicleta em direção ao presídio onde falaria com alguns detentos atendidos pela Associação. Foi então que, num cruzamento, um motorista desatento avança o sinal vermelho e, com seu carro, acerta em cheio Raimundo, que é levado ao hospital, já em estado de coma. Sua esposa recebe a notícia de que o marido estava à beira da morte, enquanto o próprio passava por diversas cirurgias, e nem mesmo os médicos acreditavam que ele conseguiria sobreviver.

O abalo foi imenso. Suas atividades na Associação foram suspensas, mas o valente e determinado Raimundo José a tudo resiste e luta por sua vida, afinal, o garoto que perdeu o pai ainda criança e aprendeu desde cedo a superar dificuldades, não se entregaria antes de concretizar seus sonhos. A guerreira Marta, sempre ao seu lado, foi fundamental em sua recuperação, pois continuou tocando a *APL* enquanto o marido não se restabelecia.

Mesmo com dificuldades de locomoção e na fala, Raimundo permanecia firme nas suas ideias, indo trabalhar numa cadeira de rodas no seu escritório montado na Defensoria. Um ano após o acidente, quem o visse se emocionaria ao se deparar com tamanha motivação e um só propósito: viver para ajudar aqueles que a sociedade teima em excluir.

Jerônimo Xavier: esquecimento no cárcere

Durante os mutirões no Ceará, foram observados inúmeros casos de violação dos direitos humanos, com presos que até já cumpriram mais de 250% da pena e, mesmo assim, ainda permanecem no cárcere. Contudo, nem um caso foi mais emblemático do que o de Jerônimo Xavier. No mutirão de 2009, foi constatado que ele teria direito à progressão de pena pelo menos desde 2006.

Nascido e criado no interior do estado, cidade de São Luís do Curú, Jerônimo vem de uma família muito humilde e, desde criança, já era tachado de homossexual, como ele mesmo relembra. Perdera o pai cedo e vivia com a mãe e mais dois irmãos, um deles chamado Josafá que, na década de 1980 invadiu a Câmara Municipal e aplicou vários disparos contra uma vereadora que o havia acusado de ter praticado roubos na cidade. A parlamentar sobreviveu, no entanto, permaneceu paraplégica. O ocorrido chamou a atenção negativa para a família Xavier, tendo influência sobre a decisão judiciária futura que condenaria Jerônimo, embora este não tivesse relação alguma com os desvios do irmão.

Aos 15 anos de idade, Jerônimo se envolveu com um homem muito mais velho, casado, e permaneceu como seu amante durante treze anos. Já somava 28 de idade quando resolveu terminar o relacionamento devido às constantes agressões e humilhações sofridas. O homem, porém, não se conformava e passou a ameaçá-lo. A gota d'água foi quando o amante invadiu sua casa, bêbado, arrombou a porta e o espancou na frente de sua mãe. Foi então que Jerônimo resolveu dar um basta definitivo nesta relação abusiva e violenta. Em 16 de dezembro de 1990, tiveram a última relação sexual e, quando o homem adormeceu, Jerônimo muniu-se de uma faca e desferiu seis golpes contra o peito do amante. Foi preso em flagrante e, de imediato, enviado para um presídio em outra cidade, pois corria riscos na pequena São Luís do Curú, vez que grande parte dos habitantes o considerava uma aberração e que o sangue daquela família era "ruim de nascença". Mais tarde foi transferido para outras prisões por sofrer ameaças de parentes da vítima. Até a data de sua condenação, ocorrida em 14 de maio de 1996, relata que foi "jogado" de uma penitenciária para outra constantemente. Condenado a 15 anos de reclusão, em regime fechado, foi recolhido definitivamente no Instituto Penal Paulo Sarasate. No *IPPS*, dia 5 de dezembro ainda naquele ano, participou de um novo homicídio, junto com outro detento, que também sofria agressões por parte da vítima. Na penitenciária, Jerônimo era conhecido como *Chiquita*, devido à sua orientação sexual, o que lhe causava grandes perseguições. Pelo novo assassinato, foi condenado a mais quatro anos porque o júri popular entendeu que o réu *agiu sob o domínio de violenta emoção, após injusta provocação da vítima*. Somente em dezembro de 2004, foi-lhe concedido o livramento condicional, revogado um ano depois.

Em 2009, durante o primeiro mutirão carcerário, a situação de Jerônimo logo acendeu um alerta. Em sua ficha de avaliação, constava ótimo comportamento, pelo menos desde 2006, quando cometera sua última falta. Verificou-se então que, naquele mesmo ano, ele teria direito ao regime semiaberto e, no seguinte, ao aberto.

As condições em que vivia chamaram a atenção da equipe de fiscalização pelo fato de Jerônimo viver isolado dos demais pavilhões, literalmente enjaulado, em uma cela de segurança máxima. Motivo: sua condição de soropositivo colocaria em risco a saúde dos demais encarcerados. Foi solicitada, então, sua imediata soltura, o que não aconteceu. Em 2011, outra vez, foi observada sua situação, não sendo novamente atendida com o argumento de que faltava a virtualização do processo para que fosse feita a contagem de sua pena.

Com a visita de nossa equipe ao *IPPS*, em maio de 2012, quando Jerônimo já se perguntava se sua prisão seria perpétua, seu destino começou a mudar. O caso foi levado ao juiz da recém-criada 3ª Vara de Execuções Penais, Cézar Belmino, que decretou a extinção da pena de Jerônimo Xavier no dia 18 de maio de 2012. No dia 21, fomos acompanhados pela defensora Aline Miranda diretamente à penitenciária levar o alvará de soltura. Na sala do diretor, ao receber a notícia que tanto esperava, Jerônimo parecia não compreender o que estava acontecendo, mostrando-se receoso por achar que ainda deveria prestar alguma conta à Justiça. Depois de tantos anos encarcerado e sentindo-se abandonado por todos, não sabia o que fazer com essa tal de liberdade. Não tinha como voltar para sua cidade, uma vez que não possuía nem uma peça de roupa além do uniforme de presidiário, e não dispunha de um centavo para a passagem. Graças ao diretor da unidade, Celso Rebouças, que o ajudou com dinheiro tirado do próprio bolso, foi que Jerônimo pôde seguir para sua terra natal após 22 anos de ausência de sua família, carregando uma enorme dívida do Estado para consigo: pagou à sociedade muito mais do que devia, segundo as próprias leis vigentes.

Simone: reviravoltas e superações

O caso de Simone é um daqueles que nos causa a impressão de se tratar de uma história criada por algum dramaturgo. Original de Santo André, no ABC paulista, ela não chegava a ser de classe abastada, entretanto, tivera uma excelente formação. Apesar de a convivência familiar ser um pouco atribulada devido à separação dos pais, teve uma educação rígida, longe de qualquer tipo de criminalidade. Sua trajetória só começou a mudar quando, aos 17 anos, conheceu Rafael, por quem se apaixonou perdidamente. O rapaz demonstrava ser bastante educado, trabalhador e de boa índole, acima de qualquer suspeita até mesmo para os pais da moça, que aprovaram o relacionamento.

A fama de bom moço mudou em abril de 1993, quando Simone pôde conhecer um lado até então obscuro do amado. O casal foi passar férias em Fortaleza, pois Rafael dissera que aproveitaria a ocasião para rever um tio de consideração, com o qual não se encontrava há muitos anos. As férias estavam perfeitas, até a madrugada do dia 22 daquele mês, quando restavam apenas 18 dias para Simone completar seus vinte e dois anos de idade. Rafael, enfim, revelou o que realmente fora fazer na capital cearense: sua intenção era se vingar do suposto tio, que, na verdade, se tratava de um ex-padrasto.

O motivo da vingança, segundo Rafael, se devia ao fato de o ex-padrasto ter abandonado sua mãe quando esta fora diagnosticada com um grave tipo de câncer. O homem a deixou moribunda em um hospital e, ainda por cima, levou todos os bens que possuíam, reconstruindo sua vida no Ceará em um segundo casamento. O fato agravou ainda mais a doença da mãe de Rafael que, logo em seguida, veio a falecer, muito devido ao desgosto sofrido. O garoto, então com apenas 10 anos de idade, guardou consigo todo o ódio por exatos quinze anos.

O problema é que Simone, segundo ela, não sabia da história e muito menos das intenções do namorado. Naquela madrugada, fora obrigada a ir à casa do padrasto, que não estava no momento. Na residência se encontravam apenas o filho de 13 anos e uma empregada. Simone conta que se encarregou de amarrar a doméstica, sob as ameaças do rapaz e, juntas, foram trancadas no banheiro. Foi aí que a figura monstruosa de Rafael veio à tona. Com uma linha de *nylon*, ele estrangula o garoto, deliciando-se com a barbaridade cometida. Algum tempo depois, o ex-padrasto chega e é surpreendido ao ver o filho morto na sala. Não houve tempo suficiente para se desesperar, uma vez que Rafael aparece por trás e lhe aplica um disparo certeiro de pistola na nuca, o levando a óbito imediatamente. Depois das atrocidades, ele ainda rouba alguns eletrodomésticos e o carro da vítima. Em seguida, retira Simone e a empregada do banheiro e as leva consigo na fuga. Mais adiante, liberta a doméstica, não sem antes fazer ameaças de morte.

Começa então o martírio de Simone. Apesar de toda a barbárie cometida, a jovem ainda permanecia apaixonada pelo algoz, mesmo sendo obrigada a viver foragida junto a ele, que a chantageava constantemente. Segunda ela, o pior eram as ameaças contra sua família. Passou três anos à mercê do namorado, sem poder contar aos pais o que realmente acontecia. Em 1996, Rafael decide deixá-la, mas, antes, foge com todo seu dinheiro. Mesmo longe, continuava com o terror psicológico, sempre com intimidações seja onde quer que ela estivesse.

Ao ser abandonada pelo amado, Simone tentou refazer sua vida retornando a Santo André, onde vivia como qualquer cidadã comum, mesmo estando foragida. Mantinha empregos com carteira assinada e até mesmo exercia sua cidadania em todas as eleições, pelo que foi fácil localizá-la. No final de 1998 foi capturada, passando 15 dias na delegacia da cidade antes de ser transferida para Fortaleza. Na capital cearense, deparou-se de forma chocante com a realidade carcerária, mas não perdeu tempo e procurou logo se ocupar, indo trabalhar na oficina de artesanato do presídio, onde passou um ano até conseguir o benefício de responder ao processo em liberdade, no final de 1999. Retornou a São Paulo para tentar levar a vida normalmente, embora ela mesma afirme que permaneceu o tempo todo com sensação de estar sempre com uma espada sobre sua cabeça. Em 2006, foi julgada e condenada a 25 anos e 4 meses pelos crimes de duplo homicídio duplamente qualificados e ainda pelo furto do automóvel. Em sua avaliação, esta condenação excessiva se deu ao fato de a Justiça necessitar punir alguém, já que o autor dos crimes permanecia foragido. Mesmo com a condenação, os advogados entraram com recursos e ela permaneceu em liberdade provisória.

Apesar de muitas amizades do passado lhe virarem as costas, sua vida estava estabilizada, pois apareceram novas pessoas que lhe deram oportunidades, chegando a ser gerente de uma loja de roupas em Santo André. Além do mais, encontrou um novo amor e estava prestes a concretizar seus maiores sonhos: a formação superior e o matrimônio. Para melhorar, em 2007, Rafael foi finalmente capturado, para o alívio de Simone, que supunha que agora o judiciário reavaliaria seu caso. Ledo engano. Em 2010, recebeu a notícia de que seu pedido havia sido negado e que teria que se apresentar à Justiça do Ceará dentro de alguns meses. Foi então que Simone optou por enfrentar os desafios logo de uma vez. Como ela mesma afirma, desfez seus sonhos um por um e fez seu próprio velório. Pediu demissão do emprego, entregou as chaves de sua casinha alugada e terminou o noivado. Seu companheiro ainda lhe assegurou que ficaria ao seu lado, porém ela o liberou para seguir seu caminho, porque sabia que homem algum suportaria aguardar por uma presidiária. Arrumou suas malas e foi direto se apresentar no presídio feminino Auri Moura Costa, para a surpresa da própria diretora da unidade.

Chegara o momento de se adaptar à nova realidade. No começo, sentiu-se completamente deslocada por estar em um ambiente onde se cultuava a violência e o ressentimento o tempo todo. Por não comungar das mesmas opiniões das outras detentas, não ser homossexual e muito menos usuária de drogas, preferiu se isolar em sua cela e se dedicar à leitura, *hobby* que sempre cultivou. Com o passar do tempo, adquiriu a confiança por parte da direção, o que lhe causou certos problemas com as presidiárias. As tensões foram sendo atenuadas quando as detentas viram que Simone estava alcançando seus objetivos sem prejudicar ninguém.

Dentre os objetivos, Simone conseguiu trabalho na biblioteca e na escola do presídio. Resolveu então testar suas habilidades prestando concurso para o *ENEM* (Exame Nacional do Ensino Médio). Para sua surpresa, no teste que prestara sem grandes pretensões, acabou alcançando o primeiro lugar. Depois se escreveu no *SISU* (Sistema de Seleção Unificada) para o curso de filosofia na Universidade Federal do Ceará. O problema é que para o curso escolhido, só contava com vagas no período noturno, o que impossibilitaria suas pretensões visto que o presídio fica em uma área isolada do centro urbano, tendo ela ainda que caminhar, às escuras, por mais de um quilômetro até à rodovia. Restou-lhe a opção pelo curso de história no turno matutino.

Começa aí uma batalha após a outra para Simone concretizar o seu sonho de concluir o ensino superior. Para conseguir se matricular na *UFCE*, foi necessária uma grande mobilização de todos que ainda acreditavam em seu potencial, começando por seus pais, os quais tiveram que remeter toda a documentação de São Paulo às pressas. Passada a correria para a matrícula, agora viria a parte mais complicada: como permitir que uma detenta, em regime fechado, pudesse sair para frequentar uma universidade fora dos domínios do presídio? Promotores e defensores públicos se movimentaram para pensar em um plano logístico e estratégico para facilitar o pedido. Seu caso chamou a atenção da sociedade cearense e chegou até à mídia nacional. Graças à juíza Luciana Teixeira de Souza, a autorização foi concedida, para a felicidade da futura universitária e de todos que acreditaram nela. De imediato, foi afixada uma tornozeleira eletrônica para limitar o seu raio de circulação até o campus e dentro dele.

Em seu primeiro dia de aula, Simone descreve o que sentia como sendo a sensação de alguém que estava submersa em lago e que fora puxada à superfície pelos cabelos. Estava fascinada pelo mundo acadêmico, principalmente por seu curso, o qual antes não via com bons olhos. A recepção por parte dos alunos foi a melhor possível, apesar de ser uma mulher de quarenta anos de idade em uma classe com média de vinte. Embora alguns pais e professores tenham protestado pelo fato de uma presidiária estar ali, a maioria a abraçou de forma comovente, inclusive ajudando no que fosse necessário, já que algumas bases não ficaram bem definidas na audiência, o que limitava sua circulação, por exemplo, de ir à biblioteca do campus.

Mesmo renascida, como ela mesmo se define, Simone manteve os pés no chão, tendo a exata noção de que não estava livre, e, sim, que apenas havia conseguido a permissão para estudar e voltar à prisão, sem se dar ao luxo de qualquer interação com os alunos após as aulas, por mais que fosse sempre convidada. Teve a plena consciência de que jamais poderia perder esta oportunidade, não só por ela, mas por todas que pretendessem seguir o mesmo caminho.

Com a serenidade de quem já passou por todos os obstáculos possíveis, na época da entrevista Simone aguardava sua progressão de pena para alcançar novos objetivos. Infelizmente, durante os mutirões carcerários ainda não possuía os requisitos para a obtenção de algum benefício, no entanto, a perspectiva era que dentro de alguns meses seu semiaberto fosse concedido.

A história de Simone deixa claro que se oportunidades forem oferecidas, é possível que qualquer um possa trilhar um novo caminho, visto que a jovem é um exemplo vivo de superação e sobrevivente ao caótico sistema carcerário brasileiro.

1.2 Maranhão

Período de entrevistas: de 16 a 26 de julho de 2012.

De acordo com o *InfoPen*, em dezembro de 2009, a população prisional do Estado do Maranhão era de 5.222 pessoas, sendo 5.034 homens e 188 mulheres, internados em cerca de 15 unidades prisionais e diversas delegacias de polícia. Na mesma época, a capacidade de ocupação das unidades era de apenas 2.733 vagas, o que representava um déficit de quase 2.500 (duas mil e quinhentas).

Estes dados constam no relatório final do mutirão carcerário do Maranhão de 2010, elaborado pelo juiz Marcelo Lobão, que também participou da coordenação nesse estado. Assim como ele, o juiz Douglas Martins e o desembargador Fróz Sobrinho, coordenadores de outros mutirões, tocavam sempre nos mesmos problemas, no entanto pouca coisa mudava. Em suas avaliações, o Maranhão sofria desvantagens de ordem econômica, o que se refletia nos serviços de justiça e administração penitenciária, precisando, urgentemente, de mais juízes para atender satisfatoriamente a demanda. Marcelo Lobão afirma que de todos os estados em que atuou, este foi o que mais lhe chamou a atenção devido à precariedade das unidades prisionais. Não concebendo como a sociedade civil e as autoridades eram capazes de dormir sabendo das coisas que aconteciam sem nada ser feito.

No Maranhão, as violentas rebeliões eram frequentes neste período, sendo destaque negativo na imprensa nacional pela série de assassinatos no Complexo Prisional de Pedrinhas, levando o Maranhão ao colapso total. Só em 2013, mais de sessenta presos foram executados dentro dos muros do complexo, o que, infelizmente, já não era novidade. Há anos que a barbárie ocorria nos presídios maranhenses, com direito a decapitações e esquartejamentos. Para especialistas, o sistema prisional brasileiro é problemático, mas Pedrinhas estava em outro nível, em um patamar execrável. O pior é que de dentro dos muros, os chefes de facções controlavam o que acontecia do lado de fora, como foi visto nos episódios de queima de ônibus e ataques a policiais.

Engana-se quem pensa que a barbárie afeta somente as unidades de São Luís. Outra rebelião que chamou a atenção de todo o país, tamanha a brutalidade, ocorreu na Delegacia Regional de Pinheiro, no dia 07 de fevereiro de 2011, onde quatro detentos foram decapitados e tiveram suas cabeças penduradas nas grades das celas. Dentre as vítimas estava José Agostinho Bispo Pereira, de 54 anos, conhecido nacionalmente como o *Monstro de Pinheiro*, por ter abusado sexualmente e engravidado duas filhas, tendo com elas oito filhos-netos. O caso teve repercussão nacional, não podendo ser diferente dentro dos presídios, o que levou ao justiçamento.

Uma iniciativa positiva criada a partir dos mutirões foi a criação do *Núcleo de Advocacia Voluntária (NAV)*, sob a coordenação humanitária de Marilene Aranha Carneiro. O órgão prestava assistência jurídica a pessoas que não dispunham de recursos financeiros, atuando em parceira com a Defensoria Pública ou na ausência desta. Além do mais, o *NAV* prestava assistência às famílias dos presos e acompanhava de perto cada egresso que saía sob sua responsabilidade. Só em 2013 foram mais de quinhentos atendimentos.

Para exemplos práticos, contaremos duas histórias de pessoas que foram diretamente beneficiadas pelos mutirões carcerários.

Marco Aurélio: falhas processuais e punição tardia

Rapaz simples, de uma família muito humilde, porém unida, tanto que a entrevista realizada na casa da mãe, situada em um bairro pobre de São Luís, contou com a presença da genitora e da esposa Isabel. Ele contou que começou a trabalhar ainda pequeno em uma oficina de sapatos com o pai, mas que, com a morte deste, teve que se virar fazendo fretes com uma carroça. Casou-se cedo, tendo três filhas.

Na rua onde moravam, havia uma família composta por cinco irmãos e, segundo Marco, todos eram criadores de casos e muito violentos na localidade. Era constante a perseguição, praticando uma espécie de *bullying*, chegando ao ponto de agressões físicas, aproveitando-se da fragilidade do rapaz.

Em 1999, por conta de uma simples briga entre crianças, uma tragédia aconteceu para mudar completamente a vida das duas famílias. O desentendimento começou quando o irmão mais novo de Isabel, esposa de Marco, brigou com uma criança da família problemática. Quando Isabel foi separar a briga, também chegou ao local o irmão mais velho que já havia agredido Marco, conhecido pelo apelido de Alfinete. Como era de sua personalidade provocadora e briguenta, o homem agrediu Isabel verbalmente com todas as ofensas possíveis e, ao final, mandou que ela chamasse o "frouxo" do marido, jurando que o mataria ali mesmo.

Temendo o pior, Isabel resolveu não contar sobre o ocorrido ao marido, contudo, de nada adiantou, pois a notícia chegou rapidamente aos seus ouvidos. Apesar de ser pacato, Marco se viu obrigado a tomar satisfações com o desafeto que humilhara sua esposa diante de todos. Porém, sabendo que o sujeito era bem mais forte e agressivo que ele, tomou um revólver emprestado, o colocou na cintura e foi até à casa de Alfinete. Tinha consciência de que tudo poderia acontecer, por mais que não desejasse a violência. Por outro lado, sua honra e da esposa foram gravemente ultrajadas.

Chegando à casa do agressor, este já o esperava. Quando Marco iniciou sua fala exigindo respeito para com sua esposa, Alfinete fez menção a puxar uma arma, só que Marco foi mais rápido e sacou a sua primeiro, disparando à queima-roupa. Alfinete ainda foi levado para o hospital, mas não resistiu aos ferimentos. Marco não fugiu, pelo contrário, apresentou-se na delegacia. Durante o depoimento, os irmãos da vítima invadiram o local e o espancaram na frente do delegado, tamanha era a agressividade da família. Devido a sua atitude e pelas circunstâncias do crime, Marco não foi preso e respondeu ao processo em liberdade. Tentou continuar trabalhando como carroceiro, porém, foi preciso mudar de bairro, visto que sua vida não estava segura.

Somente em 2010 ocorre o julgamento. É só o começo da sucessão de erros e absurdos que envolvem este caso. Na época do crime, em 1999, Marco Aurélio tinha dezenove anos de idade. Para crimes cometidos por menores de vinte e um e maiores de setenta, a prescrição ocorre com dez anos. Já havia se passado onze, o que impossibilitaria a realização do julgamento. No dia da sessão, o réu não compareceu porque ainda temia por sua vida, já que os irmãos agressivos estavam todos presentes e diziam que se não houvesse condenação, o matariam na porta do fórum.

Por não comparecer a um julgamento que não deveria ter acontecido, Marco foi condenado, à revelia, a cumprir vinte e dois anos e nove meses de prisão. Continuou trabalhando, uma vez que sua mãe lhe comprou uma motocicleta para que atuasse como mototaxista. Até que em 2011 ele foi reconhecido por um policial que o derrubou de sua moto já apontando a arma. Primeiro, segundo ele, pediu dinheiro para a liberação, porém, como Marco não dispunha, foi algemado e levado à penitenciária, onde permaneceu durante um ano. Este período foi muito doloroso para toda a família. A mãe relata os momentos de humilhações que sofria durante as visitas. Neste momento, Marco se emociona, pois são difíceis as lembranças e as marcas deixadas pelo cárcere. Há também muita revolta em sua fala.

Somente após a passagem do mutirão carcerário, foi chamada a atenção para o seu caso e, graças ao defensor público Paulo Costa, a liberdade foi conquistada. Apesar de ter ficado "somente" um ano, foi o suficiente para o estigma de ex-detento o perseguir aonde quer que fosse. Não conseguia emprego, vivendo apenas de pequenos bicos e contando com a ajuda da mãe para poder sustentar as filhas. Na época, lutava na justiça para ganhar uma ação movida contra o Estado por causa de sua injusta prisão.

Quando nos referimos como *injusta*, não entramos no mérito de julgar se Marco Aurélio deveria ser condenado ou não pelo crime que cometeu. A injustiça decorre da falha do sistema, que não fez o seu papel durante onze anos ao não julgar o caso, então resolveram reparar o erro cometido passando por cima das leis pré-estabelecidas de um Estado democrático de direito, ou seja, prenderam por prender. Este é apenas um caso, mas relatos contam que há outros semelhantes ou bem piores no submundo do sistema carcerário brasileiro, o qual é preciso ser revisto com urgência para que não mais ocorram tamanhas falhas.

Mathias: a fé que restaura

É inegável que as igrejas têm papel fundamental no sistema carcerário, visto que, através destes grupos religiosos humanistas, muitos encarcerados mudam de vida e optam por um caminho longe da marginalidade. Claro que grupos que se alinham a visões políticas deturpadas e extremistas perdem total significado do que o cristianismo representa. Vamos focar aqui nos religiosos que realmente entendem o sentido da caridade e amor ao próximo, pregado não somente pelo evangelho de Cristo, mas por diversas outras religiões em um país tão diversificado e laico como é o Brasil.

Para exemplificar as dezenas de casos com que nos deparamos, escolhemos a história de Mathias. Nascido e criado no bairro Coroadinho, em uma comunidade violenta da periferia de São Luís, Mathias desde cedo conviveu com a marginalidade. Aos dezesseis anos começou a andar com pequenos criminosos e a praticar assaltos, já portando arma de fogo. Logo aos dezoito, no ano de 2000, foi preso em flagrante durante um assalto a uma fábrica de papéis e passou um ano e oito meses em reclusão, até conseguir sair em regime semiaberto. Neste período em que apenas dormia em um albergue e saía durante o dia, ainda não era a hora de se regenerar. Continuou a praticar assaltos e mais uma vez foi preso em flagrante, tendo que regredir ao regime fechado. Foi sentenciado por cinco delitos, os quais, somados, equivaleriam a dezoito anos e seis meses de pena a ser cumprida.

A vivência na penitenciária veio cada vez mais para afundá-lo. Antes, era um mero assaltante, mas obteve especialização na prática de assaltos maiores e tráfico de drogas. Estava obstinado a seguir na vida do crime, uma vez que só acumulava raiva e desejo de vingança contra a sociedade. Tudo mudou a partir de 2003, quando conheceu uma missionária da Igreja Batista que fazia um trabalho social aos domingos, levando roupas e utensílios. Ao ouvir as palavras de fé que eram transmitidas, Mathias resolveu dar outro rumo à sua vida. Tocado pelas belas leituras de caridade e esperança, converteu-se desde então e passou a fazer o mesmo pelos outros detentos. Sua fé e liderança cresciam cada vez mais. Dentro da penitenciária foi consagrado pastor da igreja local.

Em outubro de 2006, sua influência chegou ao ápice quando conseguiu conter uma das inúmeras rebeliões que ocorreram na Penitenciária de Pedrinhas. A insurreição teve início depois que agentes penitenciários e policiais militares conseguiram frustrar uma fuga em massa, na qual os presos tinham a intenção de sair pelo portão da frente. Vários disparos foram deflagrados para evitar a evasão e, diante do fracasso, retornaram em direção à cozinha, onde se armaram com facas e renderam os funcionários, utilizando-os como reféns.

Após mais de vinte e quatro horas de intensas negociações com o diretor da penitenciária, com o comandante da polícia militar e o secretário de segurança, os presos decidiram que só encerrariam o motim com a presença dos evangélicos. Mathias e um grupo de mais quatro pessoas foram chamados às pressas. Chegando lá, um detento estava morto e outros seis encontravam-se amarrados, prontos para serem executados, mas os religiosos convenceram os líderes da revolta a poupar a vida dos condenados. Depois, ministraram um culto, quando os rebelados encerraram o motim exigindo que Mathias fosse o responsável pelas negociações. Por fim, entregaram as armas e soltaram todos os reféns em segurança.

Ao fim deste episódio, Mathias foi convocado a pregar em outras penitenciárias do estado, conseguindo converter, segundo ele, mais de quinhentos detentos à época. No período do cárcere obteve também outras conquistas, uma vez que concluiu o ensino fundamental, além de cursos profissionalizantes. Ainda dentro da penitenciária, o destino reservava mais surpresas: ele conheceu uma pregadora que visitava o local uma vez por semana, e os dois passaram a namorar. Em 2007, o namoro se tornou casamento, e Mathias teve a permissão de se casar fora da prisão. Para isso, foi escoltado até à igreja, onde oficializaram a união que permanece feliz até hoje (data da entrevista), gerando três filhos.

Após tantas conquistas, só restava a principal: a liberdade, que a partir de 2008 foi concretizada. Tudo começou no mutirão carcerário daquele ano. Uma semana antes, Mathias havia perdido a esperança de sair em pouco tempo do cárcere, visto que o juiz de sua comarca negou seu pedido de relaxamento da prisão, pedindo que tentasse novamente dentro de dois anos.

Daí vem a importância do mutirão e da presença de um juiz próximo da realidade do encarcerado. Com a ajuda de Marilene Carneiro, coordenadora do *Núcleo de Advocacia Voluntária*, Mathias teve a oportunidade de contar sua história aos juízes que participavam das inspeções. Viram seu excelente histórico, ainda mais porque trabalhava como estagiário do *NAV* dentro da penitenciária, e não tiveram dúvidas em conceder sua liberdade condicional. Agora, sim, estava preparado para o convívio em sociedade, após mais de seis anos de encarceramento. Era um novo homem. Logo ao sair, iniciou a construção de sua própria igreja. Concluiu o ensino médio e passou a exercer a função de chaveiro, ofício aprendido dentro da cadeia. Sua condicional só terminaria em 2017.

Mathias vivia de ajudar os outros encarcerados e egressos. Segundo ele, por diversas vezes abrigou na casa da própria mãe pessoas necessitadas. Sua congregação pagava o aluguel temporário de alguns que saíam e ainda não haviam arrumado onde ficar, além de custear a ida dos que precisavam voltar para suas cidades no interior.

Apesar de muitos exemplos negativos, temos a comprovação de que há recuperação no sistema carcerário. Para isso, o caminho é árduo. Tem que haver vontade e ação por parte do poder público. No caso de Mathias, a fé o libertou. Independentemente da religião, ele acha que o importante é a caridade e o amor ao próximo, mesmo que este próximo esteja pagando o que deve à sociedade.

1.3 Bahia

Período de entrevistas: de 04 a 13 de dezembro de 2012.

O juiz paulista Paulo de Almeida Sorci foi o encarregado de comandar o primeiro Mutirão Carcerário da Bahia, em 2009. Seu relatório apontou que, de acordo com os dados estimados pela Corregedoria Geral da Justiça, o estado apresentava, no mês de junho daquele ano, uma população carcerária total de 14.128 presos, dos quais 9.435 eram provisórios e 4.693 eram condenados definitivos. O elevado percentual de presos provisórios, 66,7% do total da população carcerária, estava entre os maiores do país, anunciando a drástica fração de mais de dois terços no aguardo de julgamento no cárcere.

Paulo Sorci aponta que o maior obstáculo na execução de seu trabalho foi o de convencer os juízes envolvidos de que não se tratava de uma invasão de competência ou uma operação meramente midiática, mas sim uma ação conjunta e sincera para diagnosticar os problemas e apresentar soluções concretas. A seu ver, o maior legado deixado pelo mutirão que comandou foi o favorecimento de uma alteração de enfoque por parte da cúpula do Tribunal de Justiça, que passou a priorizar importantes investimentos na área da execução penal, como a implantação do processo virtual e a melhoria das instalações das Varas da capital. Para que obtivesse êxito, contou com juízes locais que fizeram a diferença, tais como Claudio Augusto Daltro, Andremara dos Santos e Ricardo Schmitt.

Na Bahia, as situações das carceragens continuavam em estado deplorável, como o Presídio Lemos de Brito, o principal exemplo disso. Também visitamos, com certas restrições de seus diretores, a Penitenciária Salvador e o Presídio Feminino na capital.

Porém, há bons exemplos, como o do presídio da cidade de Feira de Santana, o qual possuía uma estrutura excelente. Lá, cerca de 955 pessoas estavam tuteladas na unidade na época, sendo a maioria de presos provisórios e o restante cumpridores dos regimes fechado, semiaberto e aberto. A unidade contava com oito salas de aulas bem organizadas e corpo docente de dezessete profissionais. Os que não estavam matriculados no curso de ensino fundamental podiam ter acesso aos outros espaços de aprendizado, a exemplo da biblioteca, que também dispunha de acesso à informática.

Algumas empresas possuíam polos de trabalho dentro do presídio, empregando vários detentos. Infelizmente, devido ao descaso do governo estadual, na época desta entrevista, em dezembro de 2012, uma dessas empresas, no ramo da construção civil, teve que demitir vinte internos porque não recebia o repasse de verbas do estado havia seis meses, sem qualquer satisfação do porquê do calote. Com isso, três problemas graves ocorreram: o primeiro é que um projeto de ressocialização bem-sucedido deixou de ser executado; segundo é que a reforma da unidade estava parada; e terceiro é que estava ocorrendo superlotação de uma ala, já que tiveram de juntar as duas durante a reforma que não terminava.

Para a Bahia, foram separadas três histórias surpreendentes:

Roque: brutalidades e a restauração de pessoas

Aos nove anos de idade, Roque já trabalhava acompanhando o pai em feiras-livres do bairro Valéria, em Salvador, com seus quinze irmãos. Mesmo assim, todos os filhos estudavam.

Logo aos dezesseis anos, começou em uma grande empresa como auxiliar de serviços gerais e, aos dezoito, passou a ser assistente de expedição. Em seguida, foi promovido para o setor de departamento de pessoal. Especializou-se na área e participou de um processo seletivo de uma mineradora, sendo aprovado com méritos. Foi demitido da empresa após as eleições presidenciais de 1989, junto com todos os que apoiaram o então candidato derrotado Luiz Inácio Lula da Silva.

A partir de então, decidiu montar um negócio próprio, abrindo uma firma de recrutamento e seleção de mão de obra. Tinha apenas 27 anos de idade. O negócio cresceu rapidamente, obrigando-o a abrir uma segunda empresa para concorrer consigo próprio, a fim de obter um certo monopólio no setor. Pouco antes de fundar os empreendimentos, havia se casado e tivera três filhos. Estava com a vida estabilizada, possuindo casas, apartamentos, carros etc. Alcançou o auge da carreira aos 38 anos de idade.

O desmoronamento de quase tudo o que conquistou começou em 1997. Durante uma licitação, conheceu outro empresário cuja experiência no ramo era superior à sua. Os dois simpatizaram-se, surgindo disso a proposta de parceria no ramo de segurança patrimonial. Seu futuro sócio era um capitão da Polícia Militar, casado com uma juíza.

A parceria também contava com um terceiro empresário, figurão pertencente a uma família influente de Salvador. Roque sentia-se protegido diante de parceiros tão importantes e apostou tudo nesta união, sendo apresentado a grandes empresários de diversos setores.

Segundo Roque, o fatídico dia de sua vida começou quando o capitão da PM pediu que ele dirigisse seu carro, não dizendo muito bem para onde iriam. Naquele momento, Roque não imaginava que estava cavando sua própria sepultura. Ao chegarem a um local ermo, foram surpreendidos com disparos de armas de fogo. Para se proteger, Roque ficou atrás do carro, enquanto o capitão revidava a agressão contra os bandidos. Mas o policial levou a pior e caiu morto. Os homens se aproximam e renderam Roque, que, até então, julgava se tratar de algum acerto de contas com o capitão.

A reviravolta na história foi no momento da descoberta de que, na verdade, os homens que mataram o militar na troca de tiros eram policiais e o verdadeiro bandido era o sócio recém-falecido. E, ainda, que eles estavam indo receber a partilha de um pagamento de sequestro. A vítima era o filho do representante no Brasil de uma multinacional no ramo de produtos farmacêuticos e utensílios médicos. O restante da quadrilha contava com outro policial militar, além do terceiro sócio figurão, todos presos na operação.

Roque também foi levado, sendo acusado de participar da atuação da quadrilha. Para agravar a situação, o jovem sequestrado e sua namorada foram executados pelos criminosos, mesmo após o resgate ter sido pago. Ele mesmo define que "a corda sempre arrebenta do lado do mais fraco", visto que os outros receberam penas menores que a sua. Roque foi condenado a cinquenta e quatro anos de prisão pelos crimes de duplo sequestro, duplo homicídio qualificado, formação de quadrilha e ocultação de cadáver. Mesmo contando com bons advogados, não conseguiu provar que não tinha participação nos crimes, uma vez que, segundo ele, foi tudo bem amarrado pelos sócios que o incluíram no esquema sem a sua ciência.

Sua vida virou pelo avesso a partir de então. Seus bens adquiridos se foram. Perdeu tudo. Apesar disso, procurou não se abater, afinal, enquanto houvesse vida, haveria esperança, como o próprio define. Na penitenciária, começou a trabalhar incansavelmente como aprendeu desde os nove anos de idade. Pela sua ótica, o preso quando entra em uma cadeia não tem direito à cidadania e direitos humanos. Não entende como os governos alegam que repassam fortunas aos presídios se tudo permanecia caindo aos pedaços. A comida servida era estragada, relatando já ter recebido até mesmo o alimento misturado a fezes. Seu desabafo é profundo e intenso sobre o descaso e maus-tratos cometidos contra o encarcerado, desde os defensores que não cumprem com suas funções, à truculência dos agentes penitenciários, que chegam ao ponto de violentar as mulheres dos detentos e ainda ameaçar suas famílias.

Para o preso, totalmente esquecido pelo poder público, resta tentar mudar essa realidade. E foi isso o que Roque decidiu fazer. Sua determinação causou uma revolução no sistema carcerário baiano. Ao perceber que a maioria de seus companheiros não sabia nem mesmo ler o próprio nome, resolveu fazer sua parte, redigindo mensagens para os colegas mais próximos se comunicarem com suas famílias. Com o passar do tempo, os detentos formavam filas de até cinquenta pessoas. Como não tinham acesso a papel, eles abriam as carteiras de cigarro e lápis que conseguiam com os agentes. Para muitos, principalmente os que vinham do interior, era a única forma de mandar um recado ou pedir um favor a alguém, lembrando que por vezes não dava tempo de atender a todos, tamanha a procura.

Devido à demanda, surgiu a ideia de começar a ensinar aos colegas a rabiscar as primeiras letras, para que eles mesmos escrevessem suas próprias cartas. Montou uma turma de cinco pessoas, que logo se estendeu para vinte e oito. Conta que a maior satisfação dos alunos era compor cartas para um parente dizendo que aquelas letras eram suas.

A iniciativa começou a chamar a atenção de entidades que realizavam trabalhos na penitenciária. Roque reclama que foram várias as instituições que resolveram bancar o projeto, todas muito entusiasmadas inicialmente, mas que abandonaram a ideia após alguns meses, enquanto ele permanecia firme em seu intento. Formou-se em magistério através de uma *ONG*, em parceria com as secretarias de Educação e Justiça, somente para continuar em sua meta. Segundo cálculos, conseguiu alfabetizar mais de cento e vinte presos.

Através da *Fundação Católica Dom Avelar*, formou-se ainda em quase uma dezena de cursos, dentre outros, constam os de pintor, serralheiro, carpinteiro, técnico em enfermagem e, principalmente, o curso de padeiro, com o qual se tornou mestre. Ao sair em regime semiaberto, em 2006, passou a ministrar cursos em diversos presídios, formando quatro turmas de padeiros. Chegou a montar uma padaria no presídio feminino do complexo *PLB*, onde as detentas trabalhavam e aprendiam o ofício. Demonstra revolta ao saber que o local foi fechado para servir de almoxarifado tempos depois. Ainda indignado, lembra que sempre apareciam pessoas para lhe tomar a frente no projeto das padarias, mas assim como acontecia com o curso de alfabetização, logo desapareciam levando consigo as verbas do estado. Sendo assim, uma boa iniciativa de ressocialização era deixada de lado para servir a interesses escusos.

Na época da entrevista, Roque permanecia, teoricamente, no regime semiaberto. Contudo, graças à juíza Andremara dos Santos, conseguiu o benefício de não precisar dormir no albergue, pois cursava o sexto período de Direito. Ainda como estudante já era frequentemente convidado por faculdades para ministrar palestras devido ao seu amplo conhecimento na área. Afinal, mais do que ninguém, sabe o quanto custa a privação dos direitos humanos.

No momento, vivia de bicos e pretendia concluir a graduação, se especializando e atuando na área de Direito criminal. Sua missão era continuar lutando para garantir o mínimo de cidadania e humanização daqueles que o Estado faz de tudo para desumanizar.

Juan Pérez: amor à nova pátria

Que o Brasil é um país que atrai muitos estrangeiros para turismo e moradia devido aos seus atributos naturais, culturais e econômicos, todos sabem. Contudo, poucos têm ciência de que também existe uma grande quantidade de imigrantes encarcerados em terras tupiniquins. É justamente um destes casos que iremos abordar.

Juan Pérez é nascido na cidade de Chacao, região metropolitana de Caracas, na Venezuela. Sua origem familiar remete à região da Galiza, na Espanha. Durante a Guerra Civil Espanhola, seu pai, com apenas doze anos de idade, foi enviado de barco junto com dois irmãos mais velhos com destino à América do Sul, com o objetivo de fugirem da pobreza extrema causada pela ditadura franquista. As opções eram três países: Brasil, Argentina ou Venezuela. O primeiro foi descartado pela dificuldade do idioma; para a segunda opção, a viagem custaria mais caro. Restou a terceira, devido à proximidade.

Enquanto os pais permaneceram na Espanha, os três irmãos trabalharam muito para se manterem no novo país. O pai de Juan desde pequeno era o mais ousado e, por isso, enriqueceu em Caracas. Em 1967, conheceu uma conterrânea que passava férias e logo se apaixonou. Ele já contava com trinta e um e ela com apenas dezoito anos de idade. Mesmo assim, casaram-se e, um ano depois, nasceu o primeiro dos quatro filhos do casal, para o qual destinaram o nome de Juan.

Quando o pequeno Juan completou cinco anos, a família resolveu voltar para a Espanha com o intuito de conceder melhores condições de estudos para o filho. Só que a criança passou por muito preconceito em Galiza. Era constantemente chamado de *preto*. Mesmo assim, Juan estudou nos melhores colégios, inclusive no de padres jesuítas. Depois se formou em economia em Madri.

O pai não desejava sair da Venezuela, mas foi convencido pela mãe, contudo mantinha negócios nos dois países. Juan sempre o acompanhava nas viagens. Só desistiram definitivamente do país sul-americano quando pai e filho foram vítimas de um assalto, inclusive, com o jovem, na época com dezesseis anos, recebendo um tiro de pouca gravidade. Diante do ocorrido, o pai encerrou suas operações em Caracas e se mudou definitivamente para a Galiza, na cidade de Coruña.

Depois de formado, Juan passou a trabalhar mais efetivamente com o pai na empresa da família. No entanto, não imaginava que passaria por momentos de brigas familiares com os irmãos mais novos, os quais ele define como mimados e irresponsáveis, resumidamente, *playboys*. Enquanto Juan dava duro nos negócios, os outros dois apenas gastavam o dinheiro da família com farras e noitadas. A situação ficou insustentável, então Juan decidiu abandonar a empresa e sair da mansão de cinco andares que morava com os pais.

Ao romper com a família, abriu uma empresa de construção de materiais de alumínio e plástico aos vinte e seis anos de idade. Os negócios iam bem, mas foi acusado pela própria mãe e pelos irmãos de exercer concorrência desleal, além de roubo de informações, já que as empresas competiam no mesmo ramo. Novamente revoltou-se e três anos depois deixou os negócios nas mãos da família, segundo ele, renunciando a qualquer pagamento.

Após passar um período de vida simples, foi convidado por um ex-cliente para gerenciar suas boates-prostíbulos em Coruña, uma vez que sua habilidade com os cálculos era conhecida. O salário inicial era de mil e quinhentos euros mensais, entretanto, devido ao seu excepcional desempenho, passou a receber oito mil em apenas seis meses. Somente após esse período é que tomou conhecimento de que seu patrão praticava o tráfico internacional de pessoas. Segundo ele, como não tinha muito contato com as mulheres que trabalhavam nas casas, não percebia que elas estavam ali traficadas. Ao descobrir, chamou o patrão para conversar e pediu o desligamento, prometendo esquecer completamente o que presenciou.

Ao sair do emprego, havia acumulado uma boa quantia, então procurou o pai e pediu para que lhe vendesse um prédio de quatro andares que possuía no centro de Coruña. O pai aceitou a oferta, então Juan reformou o imóvel e abriu uma luxuosa casa de *striptease*. Estava com trinta e um anos de idade. Seu estabelecimento logo se tornou um dos mais badalados da cidade. Era o ponto preferido de muitos jogadores de futebol, principalmente brasileiros que atuavam no time local e de outras cidades próximas. Juan diz possuir centenas de fotos com todos os *boleiros* que passaram por seu empreendimento, adquirindo grande respeito e até certa amizade com muitos deles.

Segundo Juan, sua boate primava pelo conforto e privacidade dos clientes e das funcionárias. Afirma que meninas de todas as nacionalidades faziam filas diante de sua porta. Diz que ajudou muitas delas, até mesmo quando deixavam de trabalhar para ele. A maioria era proveniente da América Latina. Só mantinha restrições em trabalhar com romenas e africanas, pois alega que estas geralmente estavam envolvidas com as máfias.

Como é de praxe neste ramo de atividade, começou a adquirir certas inimizades. A boate também era muito frequentada por narcotraficantes que, ao beberem além da conta, revelavam informações sigilosas de seus negócios para as meninas durante os programas. Juan as advertia para que nada revelado pudesse sair daquelas paredes. Contudo, a advertência nem sempre era respeitada porque algumas agiam como informante de policiais, os quais exigiam que o proprietário entregasse seus clientes. Ao se negar, comprava briga com a polícia e com os bandidos por causa da traição de suas funcionárias.

Juan tinha uma vida folgada. Possuía diversos imóveis, carros de luxo, barcos e tudo mais que o dinheiro pode comprar. Estava em um relacionamento de seis anos quando se apaixonou por uma menina que trabalhava em uma casa concorrente. Tratava-se de uma brasileira de personalidade forte, que o encantou de tal maneira que o levou ao rompimento com a namorada espanhola, deixando para esta nada menos que uma Mercedes como "compensação". Entrou de cabeça na nova paixão. Com apenas seis meses de relacionamento, a moça revela estar grávida e que retornaria para o Brasil. Diz a ele que para ficar com ela e a criança seria preciso abandonar a vida que levava, e que só então fosse encontrá-la na Bahia, sua terra natal.

A mulher parte para o Brasil e deixa um ultimato de um mês para que Juan se decidisse. Estes trinta dias foram tortuosos para ele, que pensava seriamente em largar tudo e se aventurar em um país desconhecido em nome do amor.

Dias antes de expirar o prazo, o venezuelano toma uma atitude radical e surpreendente: deixa a administração dos negócios nas mãos dos irmãos, apesar destes terem torrado quase toda a fortuna deixada pelo pai. Antes, precaveu-se passando os imóveis para o nome de sua futura filha e arrumou as malas, partindo rumo ao Brasil. Levou apenas dez mil euros na bagagem. Era o ano de 2008.

Ao chegar a Salvador, foi encontrar a amada em uma comunidade carente no bairro de Pirajá. A estranheza foi total. A moça morava em uma casa muito simples com a mãe, onde não possuíam nem mesmo chuveiro elétrico. Resolveu então casar oficialmente e alugou uma casa no bairro de Stella Maris. Quando a criança nasce, vê os dez mil euros que trouxera se esvaírem rapidamente. Recorre ao auxílio da mãe e da irmã mais nova para que remetessem uma pequena soma de dinheiro, com a qual resolveu investir em um negócio próprio.

Seu talento empreendedor se fez valer mais uma vez. Iniciou com a compra de um pequeno carrinho, por meio do qual passou a vender churrasquinhos na praia do bairro. Segundo ele, vendia em média quinhentos espetinhos, o que gerava ganhos de dois mil reais diários. Ao longo de oito meses, faturou a incrível marca de quatrocentos e oitenta mil reais, suficientes para ampliar os negócios e abrir uma churrascaria, logo sendo necessária a abertura de uma filial.

Em 2009, a estabilidade havia retornado, só que os fantasmas do passado não permitiram que tudo fosse esquecido tão facilmente. Em determinado dia comum de expediente, surgem, em uma das churrascarias, dois agentes da *Interpol*, que imediatamente o levam sob custódia para a sede da Polícia Federal pelo crime de rufianismo, que, segundo o Código Penal Brasileiro, é o fato de tirar proveito da prostituição alheia, participando diretamente de seus lucros ou *se fazendo sustentar, no todo ou em parte, por quem a exerça* (artigo 230). Logo depois, foi transferido para o Presídio Salvador, onde estava até a data desta entrevista, aguardando sua extradição. Juan teve a visita do cônsul de seu país e manifestou sua vontade de permanecer no Brasil, uma vez que é casado e tem uma filha brasileira. Além do mais, na Espanha, teme por sua vida por ter inimigos nas prisões e fora delas. Seu caso estava a ser apreciado no Supremo Tribunal Federal, que até aquele momento não havia dado um parecer sobre o assunto.

Enquanto isso, Juan ia levando sua vida na penitenciária, onde adquiriu muito respeito por parte dos colegas. Relata que a vida é sofrida, ainda mais por não ver a filha há muito tempo. A esposa se ocupava integralmente com os negócios e quase não conseguia visitá-lo. Para passar o tempo, dedicava-se à leitura e tinha planos de ensinar a língua espanhola para os detentos. Procurava não pensar muito na liberdade para não ficar deprimido e agradecia o amadurecimento obtido no cárcere. Passou a ser contra a prostituição, comparando o vazio que sentia com o que as garotas de programa têm que passar.

Na cadeia, diz que o maior ensinamento que teve é o de ser honesto consigo próprio. Para o futuro, pretendia voltar à sociedade sem dever nada à Justiça para, finalmente, poder ser inserido no país que passou a chamar de seu.

Ângelo Fernandes: a arte que condena

Este pernambucano, natural de Cabo de Santo Agostinho, hoje se considera baiano, pois foi neste estado que sua vida mudou radicalmente. Na verdade, sua trajetória muda de rumo desde quando nasceu. Ainda bebê, fora abandonado pela mãe biológica e criado por pais adotivos. A mãe que o criou conta que o recebeu, recém-nascido, dos braços da genitora, a qual não a conhecia, no entanto, pediu que tomasse conta da criança enquanto resolveria um grave problema e logo voltaria. Nunca retornou. A nova mãe o levou para casa e o apresentou ao marido. Ele pretendia denunciar o caso ao juizado de menores, contudo, ela decidiu ficar com a criança porque não possuía filhos. Ângelo então foi registrado e definitivamente adotado no lar dos Fernandes, uma família simples e muito religiosa.

Aos seis anos de idade, perde o pai, então a mãe decide colocá-lo em um internato, onde recebeu uma vasta gama de conhecimentos e formação rigorosa devida à filosofia militar do colégio, em plena época de *Ato Institucional 5*. Foi lá, também, que aprimorou seu gosto pelas artes em geral, especialmente pela música, que sempre teve grande influência em sua vida por causa dos pais.

Permaneceu no internato por apenas dois anos, saindo com oito de idade. Nesta faixa etária começa a se envolver com o maior amor de sua vida: o teatro. Durante um festival em sua cidade, foi convidado a substituir um artista adulto em uma apresentação. Sua atuação foi decepcionante, recebendo duras críticas do diretor, mesmo com todos dizendo que era insano cobrar de uma criança de oito anos uma exibição espetacular em algo que nunca havia feito antes.

Apesar de chocado com o episódio, Ângelo afirma que as críticas o fortaleceram e despertaram o desejo de seguir naquela aventura. Ingressou no teatro amador e fundou grupos de quadrilhas. Não se esqueceu de sua primeira paixão, a música, pois por dezessete anos atuou como músico profissional tocando em fanfarras, além de fabricar instrumentos. Seus talentos artísticos não param por aí, tendo tempo ainda para as artes plásticas. Questionado sobre como surgiu estes múltiplos talentos, revela que tem uma irmã, do primeiro casamento do pai, que é freira. Através desta, visitava um abrigo de idosos que a congregação mantinha, onde ouvia as histórias dos anciões e onde fez o que chama de uma biblioteca viva. Aprendia desde bordados às técnicas de pinturas de Monet e Picasso.

Sua maior paixão acabou sendo mesmo o teatro devido à liberdade que os palcos proporcionavam. Teve tempo ainda de trabalhar em um jornal de tendências leninistas e marxistas, apesar de ter estudado em colégio militar. Entrou de cabeça no movimento. Já era início dos anos 1980, mas a ditadura ainda imperava, o que lhe atraía pela adrenalina de lutar por uma causa. Desde criança não convivia com os colegas de sua idade, visto que seu pensamento estava sempre à frente. Alguns amigos de movimento seguiram carreira política, enquanto Ângelo optou mesmo por se enveredar pelas artes.

Entrou no teatro de bonecos, passou pelo teatro de rua, até se fixar no convencional. Estudou profundamente autores como Stanislavski, Augusto Boal, Nelson Rodrigues e Ariano Suassuna. Passou a escrever e fundou uma companhia de teatro, com a qual viajou por vários estados, até chegar à Bahia.

Ilhéus era apenas mais uma cidade a apresentar a peça *Devotos dos Puritanos*, de sua autoria. No grupo itinerante, viajavam de três a quatro pessoas, incluindo Ângelo e sua então esposa, Regiane. Os demais integrantes eram capitados nas próprias cidades, devido à falta de recursos por não ter patrocínio fixo. Na capital do cacau, seus problemas começaram quando, segundo ele, adquiriu inimizade com um fazendeiro que, a princípio, seria investidor do espetáculo. Eles romperam porque Ângelo se aproximou de um candidato à prefeitura local, desafeto político do fazendeiro. Na versão do ator, a partir de então passou a sofrer constantes perseguições.

Em referência à participação de atores e atrizes menores de idade em peças que contenham cenas de nudez, Ângelo tem consciência de que não agia dentro da lei em seus espetáculos, mas se defende alegando que muitas outras companhias de teatro agem da mesma forma. Durante os laboratórios, era necessário que, em determinados momentos, todos se despissem. Conta que muitos pais sabiam desta prática, porém, mesmo assim, permitiam que seus filhos e filhas participassem, inclusive chegando a contar com jovens de até quatorze anos de idade. Tudo isso porque o cachê recebido muitas vezes alimentava toda a família do ator ou atriz iniciante.

A "bomba explode" quando os pais de uma das menores denunciam Ângelo por pedofilia. O ocorrido se deu no povoado de Olivença, no ano 2000. Na versão do ator, todo o esquema foi tramado pelo fazendeiro, o qual aliciou as testemunhas para incriminá-lo. Conta que a menina em questão, na época com dezessete anos, convidou Ângelo e sua esposa para assistirem a um filme na casa em que o casal se hospedava. Segundo ele, ao pôr a fita cassete, ficam um tanto quanto constrangidos ao verem que se tratava de um filme pornográfico. Pedem que a menina retire, mas ela insiste.

No dia seguinte, novamente convida o casal para uma nova sessão, só que desta vez em sua própria casa. Chegando lá, ela põe a fita erótica mais uma vez, inclusive, na presença de seus dois irmãos menores. Ângelo e Regiane relutam, mas acabam assistindo, pois alegam que para eles o filme era mais cômico do que sexual. Ao fim, a suposta vítima pede que eles guardem a fita, temendo que seus pais pudessem encontrá-la. Eles atendem ao pedido, levando para casa três filmes, sendo dois pornôs e um de comédia. Horas mais tarde, o namorado da vítima passa na casa do casal e pede somente o filme de comédia, não levando os demais naquele momento.

Dias depois, Ângelo retornava para casa quando dois policiais o abordam, pedindo que os acompanhasse à delegacia para esclarecer a denúncia de pedofilia que a mãe da menina havia feito. Mesmo abismado com o fato, segue os policiais. Na delegacia, para sua surpresa, o tal fazendeiro já estava lá e, de imediato, pede ao delegado que prenda Ângelo, dizendo que ele era culpado e não passava de *um cabra sem vergonha, metido a ator e professor de teatro.*

Antes de ser levado para a cela, ficou um dia e meio sentado em uma cadeira aguardando o posicionamento do delegado. Nesse tempo, só observava pessoas passando para lá e para cá e ouvia comentários, porque não sabiam em que artigo o enquadrar. Na cela havia três presos. Minutos depois, Ângelo é retirado de lá, pois o delegado havia autorizado que ele conversasse com a imprensa local. Ao retornar, os três homens começam a agredi-lo inexplicavelmente. Ângelo reage e não se entrega, mesmo sem saber o motivo da pancadaria. Só descobriria dias depois.

Durante a madrugada, é levado para um presídio junto com Regiane, que também já estava presa, acusada por cumplicidade. Chegando à unidade prisional, pedem-lhe a guia que, por lei, só poderiam sair da delegacia com a nota de culpa, o que não aconteceu. O delegado apenas pediu que ele dissesse que foi enquadrado no artigo 157, o qual Ângelo não sabia se tratar de latrocínio. O casal passa a noite em uma cela separada das demais, ouvindo gritos e ameaças de morte. No mesmo dia, o "chefe" do local permite que Ângelo conte sua história, e ele o faz. O detento então diz que irá averiguar tudo através de suas fontes do lado de fora, jurando que, se fosse mentira, o ator estaria morto.

Dias depois, este chefão do presídio ordena que ninguém mexa com o "professor", pois, segundo Ângelo, descobriu que tudo foi armação do tal fazendeiro, o qual já possuía má fama dentre os presos. Os três da delegacia lhe pedem desculpas e dizem que o agrediram porque um policial apareceu depois dizendo para *baixar o cacete* por ele ter violentado uma menina de apenas um ano de idade.

No decorrer do dia, fica sabendo que os pais de algumas meninas estavam fazendo uma "vaquinha" para tirá-lo da prisão. Descobre ainda que o fazendeiro estava abordando uma a uma para que testemunhassem contra. Diziam que foi oferecido suborno.

Ângelo lembra que a suposta vítima era uma menina, como ele define, totalmente *porra-louca,* rebelde e usuária de drogas. Contudo, no dia do julgamento, surpreendeu-se ao vê-la trajando um longo vestido e utilizando um penteado típico de algumas evangélicas. Estava na companhia de um pastor, inclusive, portando uma bíblia na hora de seu testemunho, marcado por forte emoção e demonstração de sofrimento.

Segundo ele, em tudo a sessão lhe foi desfavorável, a começar pelo juiz, que debochou questionando se ele também iria se dizer inocente. Alega que o magistrado só lhe deu cinco minutos para que expusesse sua versão dos fatos. Relembra que, na fita pornô em questão, foi colocada uma tarjeta dizendo que pertencia ao grupo de teatro. Reclama que não foi feita uma perícia para saber de quem era a caligrafia. Para piorar, o próprio advogado lhe perguntou se dispunha da quantia de dez mil reais, senão *poderia preparar o rabo pra puxar cadeia*. Teve que improvisar sua própria defesa, com pouca ajuda do defensor público, com base nas leituras jurídicas que fez enquanto aguardava o julgamento.

O resultado não poderia ser outro: condenado a 12 anos e 11 meses pelo artigo 214 (violação sexual) cometido contra as três vítimas. Regiane foi condenada a cumprir quatro anos por cumplicidade nos crimes. Em suas palavras, se defende dizendo que no seu caso *o ser humano cometeu erros, mas foi o sistema quem cometeu crimes*.

Os dois foram transferidos para Salvador para cumprirem suas penas no Complexo Prisional Lemos de Brito. Lá, tentaram dar a volta por cima, inclusive, casando-se oficialmente no período do cárcere. Ele passou a ser muito respeitado, inclusive pelos agentes. Criou cursos de artes e também alfabetizou alguns detentos.

Regiane ficou presa durante um ano e oito meses, enquanto Ângelo saiu em regime semiaberto em 2008, tendo que provar para os outros e para si próprio quem era como pessoa e artista. No começo, foi muito difícil, principalmente porque, segundo ele, suas declarações para a imprensa foram totalmente editadas, nunca sendo levada ao ar sua versão. Tiveram grande ajuda da *Fundação Dom Avelar*, que investiu na capacitação profissional de ambos, além de apoiar seus projetos artísticos. Continuaram a encenar, inclusive, levando pequenas peças para as unidades prisionais do estado e para as escolas de Salvador.

Infelizmente, o relacionamento foi afetado e, após quatorze anos de união e parceria, separaram-se. Na data da entrevista, Regiane morava em Uberlândia, no triângulo mineiro, vivendo em outro relacionamento. Os dois ainda mantinham grande amizade e algumas parcerias artísticas.

Ângelo conta que muitos egressos e detentos mantêm dívida de gratidão para consigo. Ofereceram-lhe, inclusive, vingança contra o fazendeiro de Ilhéus. Ele recusou todas, afinal, alega que sempre foi uma pessoa das artes, contrário a qualquer tipo de violência. Desdobrava-se para ganhar a vida lecionando nas escolas estaduais e trabalhando como segurança em eventos aos finais de semana. Continuava tocando a companhia teatral e lutava por um projeto de construção de um teatro no bairro Pirajá, onde residia na época de nossa conversa.

O cárcere lhe trouxe alguns ganhos. Devido à experiência vivida, criou o espetáculo *Diálogo com a Liberdade*, no qual conta a história de uma pessoa que passou pelo sistema carcerário, numa espécie de alter ego. Com a peça, ganhou uma licitação para a exibição nos presídios baianos e almejava levar também para outros estados.

Não pretendia deixar a Bahia, pois, apesar dos oito anos de cárcere a que fora submetido, neste estado recebeu reconhecimento e respeito. Tem consciência de que cometeu muitos erros e que deveria pagar por estes, todavia, não pelos que lhe foram atribuídos. Fez questão de encerrar a entrevista com um trecho de seu espetáculo: *não existem esponjas para apagar o passado, mas existem caminhos que possam reescrever nossas vidas de um jeito diferente. Apesar disso, seremos sempre presos para as mentes encarceradas.*

CAPÍTULO II

UM NORTE PARA O CAMINHO DA RESSOCIALIZAÇÃO

2.1 Amazonas

Período de entrevistas: de 29 de agosto a 06 de setembro de 2012.

No Estado do Amazonas, um dos mutirões aconteceu em 2010, sob a coordenação do juiz maranhense Douglas de Melo Martins, tendo como coordenador local o juiz George Hamilton Lins Barroso. A parceria foi exitosa, uma vez que ambos os magistrados já atuaram em várias unidades federativas.

Em seu relatório, Douglas Martins aponta que a população carcerária do estado na época era de 4.867 distribuídos entre a capital e o interior. Segundo a Secretaria de Justiça, havia disponível, em todo Amazonas, 2.903 vagas nos centros de detenção, ou seja, constava um déficit de

1.964 vagas. No estado, foi crescente o número de presídios que passaram a ser administrados pela iniciativa privada, gerando muita suspeita de corrupção e tráfico de influência.

Chamou-nos bastante atenção em seu relatório as denúncias de promiscuidade na relação da *SEJUS* com a empresa que prestava serviços nas unidades prisionais. Foram apresentados vários casos de nepotismo e favorecimentos de ambas as partes. Todas as denúncias foram feitas por funcionários e apresentadas no relatório final do mutirão. Infelizmente, não houve esforço em apurar o que realmente aconteceu, visto que havia parentes e amigos no alto escalão da empresa e na Secretaria de Justiça.

Esta é uma questão delicada, a qual deve ser debatida com muito cuidado, não só no Amazonas, como em todo o país. Juízes que são contra as privatizações alegam que tal medida causa um conflito ético-filosófico-criminal, uma vez que uma instituição que tem por objetivo básico o lucro não deveria cuidar dos processos de execução penal de um ser humano, sua privação de liberdade e sua ressocialização. Levando para o lado corporativo da coisa, é difícil imaginar que o dono de um estabelecimento comercial vá se esforçar para que seus "clientes" vão embora e nunca mais retornem. Sem falar dos custos, afinal, apesar de estarem em unidades privatizadas, o governo arcava com cerca de três mil reais por cada preso, ou seja, o dinheiro público continuava sendo gasto aos montes. Para os que apoiam, estes alegam que a taxa de reincidência no sistema privado é de quinze por cento, enquanto no público passa de sessenta. A privatização é sucesso em todos os países em que fora adotado, segundo os defensores da causa.

No Amazonas, também, houve exemplos que não poderíamos deixar de citar, como o *Projeto Reeducar*, coordenado pela juíza Eulinete Tribuzy. A iniciativa é voltada para presos provisórios e os que aguardam julgamento em liberdade, a fim de prepará-los para a vida durante o cárcere e após sua passagem. Foi uma ideia pioneira, uma vez que ninguém no Brasil se preocupava em reinserção social antes mesmo do início do cumprimento da penitência. O *Reeducar* trabalhava em várias frentes, tais como o encaminhamento para vagas de trabalho e estudo, auxílio às famílias, apoio jurídico, palestras etc. Apesar de ser uma iniciativa que ajudou muitos, a juíza Eulinete enfrentava diversos obstáculos e até boicotes, no entanto, sua determinação não a permitia deixar de seguir adiante.

Uma nota que vale destacar é que, infelizmente, nossa equipe não pôde se aprofundar nas pesquisas e nas visitas aos presídios amazonenses, visto que fomos alvos de censura por parte de uma juíza, a qual bloqueou todos os caminhos, como se algo obscuro estivesse sendo praticado, gerando temor por tal divulgação. Nossa missão era simplesmente esclarecer os fatos como ocorreu nos demais estados. Como todo ato censório termina sendo pernicioso, algumas boas iniciativas ocorridas no Amazonas não puderam ser contadas nesta obra.

Ainda assim, com a ajuda de outros magistrados e servidores abertos ao diálogo, sem nada a esconder, conseguimos ter acesso a histórias especiais, como veremos a seguir.

Rômulo: a dura face da miséria

Grande homem em todos os sentidos. Com um metro e noventa de altura e cento e sessenta quilos, qualquer um fica impressionado, ainda mais diante de seu vozeirão de locutor.

Sua trajetória também é grandiosa. Sem pai, foi criado pela mãe, uma lavadeira que teve de cuidar de quatro filhos sozinha em diversas comunidades de Manaus. Já aos oito anos de idade, enfrentou seu primeiro problema com a justiça, sendo internado em uma instituição para menores, de onde só saiu aos doze anos, em 1982.

O período de internação, de certa forma, teve seus lados positivos, uma vez que foi lá que aprendeu a ler. Antes nunca havia frequentado a escola. Serviu também para sua ressocialização, tendo ensinamentos religiosos, práticas esportivas, artes marciais e muito mais. Contudo, ao regressar para casa, tudo permanecia na mesma, a família desestruturada, o que o empurrou ao convívio das "más companhias".

Aos quatorze, mesmo trabalhando de *office boy*, teve seus primeiros contatos com as drogas, o que, a princípio, o fazia pela "onda", mas depois a dependência tomou conta de sua vida. Aos dezesseis, foi se aventurar nos garimpos de Roraima, onde sua dependência química e alcoólica só aumentou. Aos vinte, ingressou nas forças armadas, servindo na *12ª Companhia de Polícia do Exército*. O ano era 1991.

No exército era totalmente insubordinado, assim como o fora desde a infância e permaneceu por vários anos. Este comportamento lhe custou muitas punições por indisciplina no período de apenas um ano. Só não foi expulso porque era o mais corajoso da tropa, aquele que encarava todos os desafios mais perigosos. Aos vinte e dois, saiu do exército e entrou na polícia militar, na qual obteve mais facilidades para a aquisição de drogas e bebidas. Após um ano e dois meses de indisciplina, foi expulso da corporação. Nesta época, conheceu sua ex-esposa, com quem teve três filhos.

Devido ao consumo exagerado de bebidas e drogas ilícitas, haja visto que a mulher também era dependente química, Rômulo resolveu separar-se após sete anos de relacionamento conturbado. Com o fim da relação, ele ficou com as crianças, tendo o mais novo na época apenas sete meses de vida. Neste período, passou a ter mais responsabilidades e se afastou temporariamente dos vícios.

O momento mais desesperador de sua vida, no entanto, ainda estava por vir, quando a filha mais velha também se envolveu com drogas e, o pior, quando iniciou na prostituição com apenas doze anos de idade. O abalo emocional foi avassalador, ainda mais por saber que não podia ser exemplo de moral para os filhos que cresceram vendo os pais se destruindo. Um tempo depois, foram morar em uma comunidade no bairro da União. Neste novo local, iniciou um relacionamento com uma jovem que morava ao lado da boca de fumo. Foi então que começaram os problemas devido aos bandidos acusarem a moça de ser informante da polícia e decidirem por sua execução. Certa noite, dois homens a cercaram para cumprir o serviço, obrigando Rômulo a lutar para se defender, o que resultou na morte de um dos criminosos. Após o ocorrido, ele teve que se mudar às pressas para o bairro da Terra Nova. Só teve tempo de buscar as crianças e não conseguiu levar sequer uma peça de roupa, uma vez que todos os traficantes estavam à sua procura.

Foi então que passaram pelo pior período de miséria. Moravam em um barraco onde só possuía um colchão usado para dormir com os dois filhos menores. A filha mais velha estava vivendo na rua. Rômulo se mantinha de "bicos" como segurança, mas o pouco dinheiro que recebia era destinado ao vício. Em pouco tempo, nem mesmo os bicos conseguiu exercer. Estava totalmente tomado pela depressão.

No mesmo ano, em 2008, finalmente chega o momento do encontro de Rômulo com o sistema carcerário. Novamente motivado pelo álcool, acaba esfaqueando um sobrinho com quem bebia em um bar, após um leve desentendimento. Sua versão é de que o ocorrido foi um acidente, visto que apenas segurava a faca, e ela perfurou a barriga do sobrinho quando este avançou para agredi-lo. O sobrinho foi operado e conseguiu sobreviver e mais tarde os dois fizeram as pazes, o que não impediu que Rômulo fosse levado para o *Presídio Vidal Pessoa*, onde foi muito ameaçado porque os detentos sabiam de seu passado de militar. Só conseguiu um isolamento porque o diretor do presídio o conhecia, mesmo assim, ainda passou por momentos de aflição. Em meio a tantas tragédias, recebeu a boa notícia de que sua filha resolveu buscar ajuda contra a dependência química, por iniciativa própria, ao ver o que aconteceu com o pai.

Dentro do presídio, os primeiros meses foram de sofrimento e sobressaltos. Ainda continuava consumindo drogas dentro do cárcere devido à facilidade de acesso. A partir do momento da prisão, os filhos tiveram que ficar sob os cuidados da mãe que, a esta altura, já formara outra família. As crianças foram obrigadas a dormirem no quintal da casa e tinham a alimentação controlada, quase que passando fome.

Um ano e três meses depois de ter ingressado no sistema, Rômulo consegue sair no mutirão carcerário de 2010, para responder ao processo em liberdade. A conquista só veio porque tomou a iniciativa de ir até à funcionária do Tribunal de Justiça, Tânia Mafra, e mostrou seus cursos concluídos ali dentro. Ela se interessou e levou o caso de Rômulo aos coordenadores do mutirão que, após a análise de sua ficha, viram que não havia a necessidade de sua permanência no regime fechado. Na data desta entrevista, em agosto de 2012, Rômulo ainda aguardava o julgamento, considerando injusto o fato de ser submetido a júri popular.

Assim que saiu do presídio, sua primeira providência foi buscar os filhos. Avalia que a passagem pela prisão foi o melhor que lhe aconteceu porque saiu de lá com nova mentalidade. Abandonou os vícios, conseguiu um emprego de segurança de posto de gasolina e depois de cobrador de ônibus. A filha mais velha estava casada e liberta da vida que levava antes. Os filhos mais novos estudam e um deles acabara de ingressar no Colégio Militar.

Rômulo, à época, trabalhava na segurança de uma família importante na cidade de Manacapuru, e agradece muito ao *CNJ* e ao Tribunal de Justiça pelo apoio que recebeu. Ele tinha confiança de um resultado positivo no julgamento, e seu maior plano para o futuro era o de abrir uma empresa de segurança para contratar outros egressos.

Carlos Alves: da injustiça ao retorno à dignidade

Em todo este livro nossa preocupação foi de não tomar partido sobre nenhum depoimento dos entrevistados, cabendo-nos apenas relatar os fatos pela visão do egresso ou detento, é claro, adotando o cuidado de se pautar no processo criminal. No entanto, se pudermos exemplificar um caso de iniquidade e superação, certamente que este será o de Carlos. Este manauara, casado há mais de vinte anos e pai de dois filhos, foi vítima de um terrível engano e da maior injustiça encontrada no decorrer das nossas entrevistas pelo país.

Carlos teve que trabalhar desde muito cedo quando o pai abandonou a família de seis filhos. A mãe se desdobrava como cobradora de ônibus, enquanto as crianças se revezavam nas tarefas da casa e em pequenos empregos. Presenciavam com frequência os episódios de violência doméstica quando seu genitor chegava dominado pela bebida e surrava a própria esposa.

Mesmo trabalhando à exaustão, Carlos concluiu os estudos e até se especializou em alguns cursos. Conseguiu um bom emprego e se casou com vinte anos. Na data desta entrevista, com o dobro da idade, permanecia com a mesma mulher, Márcia, que sempre esteve ao seu lado nos momentos mais difíceis. Queria fazer o caminho oposto ao do pai, o qual nunca teve tempo para a família devido ao trabalho em excesso. Não apenas neste aspecto, sobretudo, queria ser diferente no distanciamento dos vícios.

Com a vida relativamente estabilizada, resolveu ir atrás de seu objetivo em se tornar dono do próprio negócio. Para isso, abandonou o emprego em uma multinacional, onde exercia cargo de chefia, e decidiu ser taxista por enxergar na profissão uma maneira de trabalhar para si mesmo, além de ter mais tempo para a família. Construiu ainda duas casas para receber o lucro com aluguéis, ou seja, sua vida estava programada. O que ele não poderia prever é que a trajetória de sucessivas desventuras estava por começar.

Em novembro de 2008, investiu o dinheiro recebido da rescisão em uma placa de táxi, mesmo sem entender nada sobre o assunto. Como ele mesmo se define, é um desbravador. No entanto, foi enganado, uma vez que recebeu uma placa que não era transferível. Para piorar, imaginava que os vinte e cinco mil reais investidos comprariam também o veículo e não somente a placa, por pura ingenuidade. Teve que adquirir empréstimos junto ao irmão para comprar um carro bem modesto para poder trabalhar. Comprou, só que, em seguida, descobriu que o carro já completaria dez anos de fabricação, tempo limite para circulação como táxi.

No âmbito familiar, as tragédias começaram naquele mesmo mês, quando seu pai faleceu vítima de enfarte. Apesar da relação conturbada na infância, os dois mantinham contato e se amavam. Por isso, a perda foi muito grande para Carlos. Só não foi maior do que a perda que aconteceria quatro meses depois, quando sua mãe também falece da mesma causa, em abril de 2009, o que o deixa totalmente desestabilizado.

Mesmo com todos os problemas, chegando até o ponto de pensar em suicídio, continua trabalhando como taxista de forma irregular, utilizando o carro velho e com a placa ainda em nome do vendedor. Somente em dezembro de 2009 é que consegue comprar um veículo novo. Exatamente no dia 22 daquele mês começa a circular e, quatro dias após, conhece um passageiro que mudaria sua vida completamente: Josiel.

Era noite, por volta das nove, quando Jax, como é conhecido, chegou ao ponto de táxi e escolhe justamente o carro de Carlos, mesmo não sendo o da vez. Ao entrar, o rapaz, aparentando ter cerca de vinte e cinco anos, se mostra uma pessoa agradável e bem-humorada. Elogia o carro por se tratar de um modelo novo e puxa conversa durante o trajeto em direção ao bairro Oswaldo Frota. A simpatia é recíproca. Josiel conta que é segurança de um prefeito de cidade do interior. Conta ainda que sua mãe sofreu um derrame e constantemente necessitava ir a consultas médicas. Propõe então a Carlos que ele fosse o motorista exclusivo para estas idas ao hospital. O taxista aceita, afinal, era a garantia de recebimento por longas corridas.

Dois dias depois, Carlos recebe um telefonema de Jax e passa quase o dia inteiro a serviço do cliente, inclusive levando membros de sua família. Ao final, Josiel pede para conhecer a casa do taxista para saber se estava pondo a própria mãe em boas mãos. Carlos o leva para conhecer sua família, na mais completa ingenuidade.

Em 07 de abril de 2010, após vários serviços prestados durante quatro meses e de total confiança estabelecida entre os dois, Carlos é convocado para mais uma corrida às pressas. Vai à casa de Jax, achando que a mãe deste piorara, mas, ao chegar, o cliente já estava aguardando na calçada e entra no táxi rapidamente. Carlos ainda pergunta pela mãe, porém, Jax pede que acelere, dizendo que iria receber um dinheiro que lhe deviam. Mais adiante, outro passageiro, amigo de Jax, ingressa no carro a seu pedido. Minutos depois, eles se encontram com uma terceira pessoa, um senhor com cabelos grisalhos, que também adentra no veículo. Os passageiros pedem a Carlos que vá a um local afastado, o qual ele não conhecia muito bem, mas que consegue encontrar porque é guiado até o destino, no bairro Ajuricaba. Depois de entrar em várias ruas estreitas, para em frente a uma casa onde os três passageiros entram. Carlos permanece parado no carro durante alguns minutos, até que decide dar uma volta para comer algo. Retorna rapidamente e, assim que entra na rua, Jax e o amigo o abordam com sofreguidão, entrando no carro com algumas bolsas e pedem ao taxista que saia dali o mais rápido possível. Voltam para a casa de Josiel, este que combina de efetuar o pagamento pela corrida depois, como era de costume.

Passados sete dias, Carlos está parado dentro de seu carro no ponto de táxi. Já é noite. De repente, um casal entra. O homem, no banco traseiro, saca uma pistola e aponta para sua nuca dizendo que ele havia "perdido". Em seguida, a mulher se senta no banco do carona, também apontado uma arma para sua cintura, alegando que, se ele se movesse, seria "rasgado na bala" ali mesmo. De início, Carlos julgava se tratar de uma brincadeira, mas depois teve a certeza de que estava sendo vítima de um assalto. Em seguida, o homem sai e o puxa para fora do carro com extrema violência, pondo-o agachado contra o capô do veículo. O taxista pede que levem o carro, pois, até o momento, o casal não havia se identificado como policiais. Só percebe quando é algemado e jogado de qualquer maneira na traseira de outro veículo que estava estacionado logo atrás. Cai por cima do braço, com as algemas lhe apertando e, quando pede para afrouxá-las, leva um soco nas costas, que lhe deixa sem ar.

Depois que o casal está dentro do carro, eles dizem que querem o roubo, as armas e o resto da quadrilha. Carlos não tem ideia do que estavam falando. Começa então uma sessão de espancamento. Eles repetem a pergunta e o obrigam a confessar, não se sabia o quê. Carlos disse que confessaria qualquer coisa, apenas desejava parar de apanhar, até que perguntaram sobre Josiel. Pela tensão do momento, ele não se lembrava de quem se tratava, até que a policial mostra uma foto. O taxista então diz que era seu cliente, mas é desmentido pelo casal, alegando que eles eram parceiros e que haviam realizado um assalto no Ajuricaba. Foi então que a "ficha caiu". Carlos conta a verdade, alegando que fez uma corrida para ele há uma semana. O policial então o ameaça, dizendo que, se contasse essa "história da carochinha" para o delegado, iria apanhar dobrado. Carlos diz que falaria o que eles quisessem na delegacia. Em seu raciocínio, julgava que perante as autoridades estaria livre de toda essa confusão. Estava enganado de novo. No caminho ainda sofreu várias agressões gratuitas por tudo o que dizia ou fazia.

Na delegacia, Josiel lá estava, em uma sala dos fundos, somente de cueca e algemado no chão. O policial perguntou a ele se Carlos era *o cara*. O criminoso, meio cabisbaixo, apenas fez um sinal afirmativo com a cabeça. Foi o suficiente para mais uma sessão de pancadas, desta vez, com maior intensidade. Carlos questionava o porquê de estar apanhando, alegando que era pai de família, mas o agressor dizia que se tratava de um bandido igual a qualquer outro que estava na cadeia. Durante a entrevista, Carlos se emociona ao relembrar estes momentos dolorosos pelos quais passou.

Em frente ao delegado, contou toda a história verídica. Depois, foi levado para uma cela, dividindo-a com um grupo de assaltantes da chamada "saidinha de banco". Josiel é levado para interrogatório, ou melhor, para a tortura, na qual é utilizado o artifício do saco na cabeça. Em seguida, o delegado manda chamar Carlos mais uma vez. Diz que Jax o havia entregado quando foi preso, mas que, agora, havia mudado o discurso, alegando que o taxista nada tinha a ver com o assalto. Em vão. Os policiais mesmo assim resolveram enviá-lo, ao amanhecer, para o presídio junto com a quadrilha de assaltantes de banco. Na saída da delegacia, alguns jornalistas fotografaram o bando algemado sendo colocado em camburões. Carlos está entre eles. O momento é o mais vergonhoso para ele e sua família, ao ter sua foto estampada junto com a seguinte manchete: *Não é festa junina, mas caiu uma quadrilha.* Notícias sensacionalistas afirmavam que a polícia já o investigava há oito meses.

No Instituto Médico Legal (*IML*), durante o exame de corpo de delito, Carlos foi obrigado a dizer que não apanhou, sob mais ameaças de agressão. De forma totalmente absurda, o interrogatório é realizado na frente dos mesmos policiais espancadores, impossibilitando qualquer tentativa de comunicação. Já no presídio, ele fica sabendo que Josiel já é um antigo frequentador do local e foi colocado imediatamente na "igreja" pelo próprio diretor da unidade. O taxista, em sua ingenuidade, também pede para ir para a igreja, afinal, era cristão. Mas, para sua surpresa, descobre que a "igreja" era o local dos *jacks* (estupradores) ou outros detentos jurados de morte. No caso de Jax, este precisava de proteção porque havia dado um golpe em um dos chefões do presídio e sua fama já era bem conhecida em todas as cadeias do estado. Na mesma noite, ao saber que ele havia retornado, alguns detentos se rebelaram e invadiram o isolamento, deixando-o à beira da morte, tendo que ser transferido para outra unidade.

Carlos fica surpreso com o mundo de facilidades no presídio. A hierarquia e as leis lá dentro o deixam boquiaberto. Seu maior medo era o de ser violentado, mas para sua sorte, os "xerifes" já sabiam de sua história e de sua inocência. É recebido com certo respeito, inclusive com o oferecimento de um aparelho celular para se comunicar com a família. Foi a primeira vez que falava com a esposa para se explicar, esta que em momento algum duvidou da honestidade do marido. Emociona-se mais uma vez ao se lembrar desta ocasião.

Neste presídio fica por vinte dias. Foi transferido para o Instituto Penal Antônio Trindade (*IPAT*), de segurança máxima, onde os detentos permanecem quase que o tempo todo algemados com as mãos para trás. Segundo ele, quem passa pelo *IPAT* carrega certa "fama" e respeito em outras casas de detenção, foi o que aconteceu com Carlos, que de trabalhador honesto e pai de família exemplar passou a ser conhecido como bandido de alta periculosidade.

O período total de sua prisão foi de sessenta e nove dias. Conseguiu sair exatamente em 1° de julho de 2010, graças a um pedido de soltura feito por seu advogado. Só não saiu antes porque foi ludibriado por outra advogada de caráter duvidoso, que conseguiu arrancar-lhe mais de quatro mil reais e alguns eletrodomésticos sob a promessa de retirá-lo na mesma semana, o que evidentemente não aconteceu. Também só não saiu antes da prisão porque o delegado, de forma proposital, desmembrou seu processo e redistribuiu por diversas varas, causando assim mais demora ao pedido de liberdade. Favoreceram-no as diversas contradições presentes nos autos, pois Carlos fora acusado de assalto, formação de quadrilha, tráfico de drogas e porte ilegal de armas. Só que no depoimento do policial troglodita, este alega que o prendeu em seu local de trabalho, sem armas e drogas, abrindo assim precedentes para a aceitação do pedido de *habeas corpus*.

Ao sair, a segunda parte de seu martírio apenas começava. Não fazia ideia de como sua vida havia sido devastada. Sua família estava transtornada. Os filhos adolescentes e a esposa passaram a ser apontados nas ruas. Ao tentar retornar ao mercado de trabalho, ele, que antes era respeitado e conceituado em diversas fábricas da zona franca, especialista em *ISO 9001*, agora via as portas se fechando. Doía no coração ao ser interrogado por ex-companheiros querendo saber se era verdade todo o ocorrido. Contava a história inúmeras vezes.

A família vivia apenas do aluguel de uma das casas que possuía. Tiveram que vender o táxi pela metade do valor de mercado para se sustentar e pagar a defesa. Carlos e Márcia conseguiram comprar um carro antigo e resolveram vender marmitas para sobreviver. Batalharam bastante, uma vez que ele se humilhava para conseguir empregos e era sucessivamente barrado pelo preconceito. Quando conseguia uma oportunidade, logo era demitido porque a história vinha à tona, sempre com a desculpa de que precisavam cortar despesas, sem ao menos deixarem-lhe a oportunidade de contar a versão dos fatos.

Para segurar a barra de tanto sofrimento, eis que aparece o projeto *Reeducar*, do Tribunal de Justiça do Amazonas, sob a coordenação da juíza Eulinete Tribuzy, a quem Carlos considera como um anjo em sua vida e até mesmo como segunda mãe. No *Reeducar*, ele se torna um expoente colaborador do projeto. Um fato que Carlos faz questão de mencionar é que, em sua primeira reunião, a magistrada solicitou que ele se levantasse e pediu perdão na frente de todos em nome do judiciário, uma vez que havia tomado conhecimento de sua história e das injustiças que sofreu. Ao frequentar as reuniões e ajudar outros que estavam ali em situação parecida, foi convidado a ser quase que o palestrante oficial do projeto, afinal, sua excelente oratória e exemplo de vida o credenciavam para exercer tal função. Carlos viu ali a primeira oportunidade para contar sua história e ser ouvido. Poderia mostrar quem era de verdade.

O tempo passa e, somente em dezembro de 2011, finalmente Carlos é absolvido sumariamente em todos os processos pelos quais respondia. Uma "espada", como ele mesmo define é, enfim, retirada de sua cabeça. A vida começava novamente a entrar nos eixos. Fora chamado para ser líder de produção de uma multinacional no ramo de aparelhos eletrônicos, onde começou no período de experiência e, exatamente no dia desta entrevista (04/09/2012), acabara de ser contratado efetivamente, mostrando o crachá com todo o orgulho, como se fosse um troféu conquistado com muito sofrimento.

Novamente se emociona, só que desta vez, de alegria. São as lágrimas de um vencedor. É o desabafo do verdadeiro Carlos, cuja história muitos não se deram nem ao trabalho de ouvir.

CAPÍTULO III

NO CORAÇÃO DO PROBLEMA CENTRAL

3.1 Goiás

Período de entrevistas: de 21 a 28 de outubro de 2013.

Quando falamos de Goiás, é inevitável que tenhamos a sensação de nos referirmos a dois estados completamente distintos. Se compararmos a situação carcerária e criminal na região metropolitana de Goiânia com a do chamado entorno de Brasília, veremos que há um abismo de desigualdades. Não que na primeira região tudo funcione às mil maravilhas, mas, sem dúvida, a segunda é de total calamidade pública. O que dá impressão é que cidades como Luziânia, Valparaíso e Águas Lindas, dentre outras, sofrem porque, apesar de serem de responsabilidade do governo goiano, sua população trabalha e se identifica mais com a capital federal. Com isso, a região fica em uma espécie de limbo, onde nenhum dos governos presta apoio e suporte satisfatório, deixando o abandono evidente, o que inevitavelmente leva às altíssimas taxas de criminalidade.

Em Aparecida de Goiânia, fica o complexo penitenciário da região metropolitana. Algumas unidades, como a penitenciária feminina, possuíam boas estruturas. Nas celas, todas as detentas dormiam em suas próprias camas; as grades ficavam abertas durante o dia e elas podiam circular. Mas, no complexo, o que chamava bastante atenção positiva, era o local de trabalho, onde os detentos exerciam diversas atividades artesanais e industriais. Um excelente exemplo é de empresas que levavam parte de sua produção para dentro dos muros, o que gerava muitas oportunidades, era o caso de uma filial de uma grande companhia telefônica, que utilizava a mão de obra dos presos para o restauro de centenas de "orelhões" danificados em todo o Brasil. Havia também uma parceria com os Correios, que doava bicicletas inutilizadas, as quais eram transformadas em cadeiras de rodas e carteiras escolares.

Porém, nem tudo são flores no complexo prisional. No relatório do juiz amazonense George Hamilton, ele denunciava que, durante sua inspeção na unidade prisional para o regime semiaberto, verificou que se tratava da pior em todos os sentidos, tendo capacidade para 350 presos, mas contando com quase o dobro. Colchões eram espalhados pelo chão, em um espaço totalmente insalubre com esgoto correndo a céu aberto.

Bem pior era a situação das unidades do entorno. Embora o Estado de Goiás tivesse uma taxa de encarceramento menor do que a média nacional (119 presos por 100 mil habitantes), nessa região as condições das unidades eram uma das piores do Brasil. O juiz Marcelo Lobão, em seu relatório, denuncia que, na Cadeia Pública do Novo Gama, flagrou nada menos do que 17 presos dormindo no banheiro por falta de espaço nas celas, o que infelizmente, era comum nas cadeias da região, pois os detentos mais "fracos" são punidos dessa forma. Com exceção de Luziânia, todas as unidades prisionais da região apresentavam estrutura precária, excesso de lotação, falta de ventilação natural, ausência de espaço apropriado para atividades ocupacionais, sujeira, infiltrações e mofos nas celas, além da vulnerabilidade a fugas e número insuficiente de agentes penitenciários.

A taxa de criminalidade da região é absurda. As comarcas goianas do entorno do Distrito Federal jamais foram tratadas de forma prioritária pelos poderes Executivo, Judiciário e pelo Ministério Público de Goiás. Várias eram as dificuldades enfrentadas: número insuficiente de juízes, promotores e servidores, inexistência de Defensoria Pública e até precariedade dos fóruns, ou seja, uma região totalmente abandonada. Podemos dizer que se trata de "o patinho feio" de Goiás.

Para termos uma visão melhor do que acontece nos presídios goianos, separamos a seguinte história:

Humberto: o cárcere em mundos distintos

Seu caso é peculiar, visto que não chegou a conhecer a situação carcerária brasileira como detento, no entanto, passou a se dedicar aos presídios da região metropolitana de Goiânia. Nascido na cidade de Goiás, ou Goiás Velho para muitos, é o segundo filho entre cinco irmãos. Aos oito meses de vida, sofreu com a paralisia infantil que o marcou física e psicologicamente por toda sua existência. Dos 5 aos 23 anos de idade, passou por dezessete intervenções cirúrgicas na perna direita, atrofiada pela doença, o que gerava muita vergonha durante a adolescência.

Para sentir-se integrado com os colegas e impressionar as meninas, aos onze anos começou a beber e fumar, até que um dia, ao sair de uma festinha, um grupinho de crianças da mesma faixa etária estava cheirando tanques de gasolina, quando um mais velho, de aproximadamente quinze anos, apareceu oferecendo algo "melhor". Foi a primeira experiência com a maconha e, de imediato, a dependência. Era início dos anos 1970. Sua deficiência na perna fazia com que se aprofundasse cada vez mais e buscasse "aventuras". Relata que estava sempre vestido com calças, mesmo em clubes com piscinas, a fim de esconder o problema que, em sua imaginação, julgava ser imperceptível. Era em vão, uma vez que mancava. Só vestiu uma bermuda em público pela primeira vez aos vinte e cinco anos.

Entre os dezessete e dezoito, começou a realizar pequenos tráficos. Na época conheceu traficantes internacionais, os quais traziam drogas que não eram fáceis de encontrar no Brasil daquele tempo. Experimentou a cocaína e o *LSD* nesse período. Certo dia, assistindo a uma partida de futebol em um bar, conheceu um brasileiro que morava nos Estados Unidos e que lhe pediu para arranjar maconha. Os dois ficaram amigos, até que o sujeito fez o convite para Humberto transportar drogas para Miami, na Flórida. A proposta financeira era tentadora. À família, o jovem disse que a viagem seria para comprar equipamentos fotográficos. Os pais não estranharam porque ele já viajava desde os quatorze anos de carona percorrendo o Brasil.

Para embarcar a droga, os pacotes eram presos com fita adesiva e papelão nas pernas, inclusive na deficiente. A viagem foi tensa, mas Humberto só pensava no pagamento que iria receber. A metade já havia sido adiantada e o restante somente no ato da entrega. O trabalho foi realizado sem maiores problemas. De quebra, teve hospedagem paga em hotel de luxo e até a Disney conheceu. Para o aventureiro que sempre foi, era a vida que pediu a Deus.

O dinheiro do pagamento foi gasto quase todo em maconha, sua grande paixão. Tanto que fez questão de passar uns tempos em uma pequena chácara que o pai possuía no interior, onde plantou sua própria erva e viveu isolado de todos, até mesmo sem energia elétrica. Importava para ele apenas "fazer a cabeça", como define. Quando a erva acabou, retornou para Goiânia, um ano depois, onde foi procurado novamente pelos traficantes para um novo contrabando, o qual também foi exitoso.

Mais um ano se passou, foi então a vez de o próprio Humberto procurar os aliciadores para fazer o tráfico internacional. Meses depois, os procurou novamente, contudo, os próprios traficantes achavam que não era prudente. Avaliavam que seria perigoso devido ao pouco tempo de uma viagem para outra. Humberto insistiu, ainda mais porque, nessa época, sua vida pessoal havia sofrido uma mudança radical.

O motivo de tanta pressa é porque conheceu uma prima que morava em Brasília e os dois acabaram se envolvendo. Humberto sempre foi muito namorador, mas devido a seu complexo, terminava os namoros quando era obrigado a se expor sem calças. Só que com esta prima não houve temor.

Um dia estava no quintal de *short* quando ela chegou de surpresa e o pegou desprevenido. O rapaz tentou se esconder, porém, a menina mandou que parasse com aquela bobagem, pois gostava dele pela pessoa que era e não por causa das pernas. Tempos depois ela engravidou, então os dois decidiram se casar e foram morar juntos sem qualquer estrutura. Entretanto, com apenas três meses de gravidez, a moça teve um sangramento e foi levada às pressas para um hospital, onde o médico foi extremamente cruel com Humberto por achar que os jovens haviam provocado um aborto. O doutor chegou dizendo que a mãe estava bem, mas quando perguntado sobre o bebê, ele apresentou o feto morto em suas mãos. Esta cena jamais saiu de sua cabeça e fez com que Humberto se aprofundasse cada vez mais nas drogas. Resolveu então que montaria seu próprio "negócio", por isso a insistência de viajar logo para os Estados Unidos, mesmo contra a vontade dos traficantes.

A quarta e última vez de Humberto aconteceu exatamente no dia 13 de setembro de 1982. Como de costume, escondeu a carga amarrada nas pernas, só que desta vez o peso estava insuportável. Foram horas tortuosas com as pernas inchando sobremaneira. Ao desembarcar no aeroporto de Miami, mal conseguia caminhar tamanha a dor. Os policiais desconfiaram, abordaram-no e o levaram para uma sala reservada. Quando retiraram as calças, os agentes ficaram assombrados, não tanto pela quantidade de drogas, e, sim, pelo estado das pernas, as quais estavam extremamente inchadas e roxas. Pegaram então uma tesoura e cortaram os esparadrapos que prendiam os embrulhos. Humberto conta que sentiu enorme alívio, mesmo tendo sido pego, afinal, estava próximo de perder as duas pernas por falta de circulação.

Foi chamado então um tradutor que ofereceu uma proposta de delação premiada. Se ele denunciasse os mandantes e os receptores da mercadoria, seria enviado de volta para o Brasil no próximo avião. O plano era ir ao local de entrega, como se nada tivesse acontecido, para que, no momento certo, a polícia prendesse a quadrilha. Humberto conta que nesta época já admirava Jesus Cristo. Considerava-o um "maluco" que usava drogas naturais. Em contrapartida, odiava a figura de Judas Iscariotes, por isso, não admitia traição. Recusou a proposta, mesmo com os agentes contra-argumentando que ele pegaria trinta anos de cadeia e pagaria cem mil dólares de multa. Não adiantou. Manteve-se firme na decisão e disse que nunca foi "Judas", por isso, não o seria agora. Do aeroporto, foi levado imediatamente para o presídio estadual. Dentro da cela, desenhou um crucifixo na parede e diante daquela imagem jurou nunca mais usar drogas em sua vida. E assim o fez até hoje, por isso essa data jamais é esquecida.

Por seu crime ter sido o de tráfico internacional, Humberto não poderia permanecer no presídio estadual e, logo no dia seguinte, foi transferido para um federal. A diferença era radical comparado aos presídios brasileiros. O tratamento dos presos era rigoroso, no entanto, humanitário. A estrutura da unidade impecável, e até a alimentação era tão boa que os próprios funcionários a disputavam. Uma realidade totalmente inversa à nossa, a não ser pelo fato de até lá a entrada de entorpecentes ser comum. Mesmo com este acesso livre, Humberto não descumpriu sua promessa por ter adquirido aversão a qualquer tipo de drogas, lícitas ou ilícitas.

Dentro do cárcere, foi apresentado a um grupo de evangélicos. No começo, não quis diálogo com nenhuma religião, pois guardava traumas do passado. Isso por conta das lembranças das missas a que assistia com a mãe na infância, onde ouvia de um padre fanático que os não cristãos e aqueles que não lessem as escrituras diariamente iriam padecer no inferno. Tinha pavor da bíblia. Relata que certo dia brincando com primos em casa, caiu sobre uma e, de imediato, urinou nas calças, tamanho o medo. Na adolescência alega que fumava as páginas das escrituras enroladas na maconha, quando zombava que em determinado dia "fumaria Mateus" e em outros "fumaria Lucas".

Os evangélicos insistiram. Convidaram-no para um jogo de cartas e, ao chegar à biblioteca da penitenciária, havia um grupo de presos de várias nacionalidades sul-americanas em uma mesa redonda com diversas bíblias abertas. Meio a contragosto, ficou e foi simpatizando com o ambiente. Semanas depois, finalmente tomou coragem e ligou para a família para informar que estava preso, aproveitando para pedir à mãe que enviasse uma bíblia que havia recusado no dia em que embarcou. A partir de então, passou a ler as escrituras com frequência e a evangelizar para os demais.

Depois de um ano em Miami, foi sentenciado a oito anos e transferido para um presídio na cidade de Seagoville, no Texas, próximo a Dallas, onde ficou um pouco mais de treze meses. Devido ao seu bom comportamento, uma comissão resolveu que ele poderia cumprir o tempo mínimo da sentença, o que correspondia a vinte e cinco meses no total. O fato de trabalhar com artesanato dentro da penitenciária ajudou na remissão. Foi deportado sob a condição de não regressar a qualquer país ligado aos Estados Unidos até o fim do cumprimento de sua pena, o que só ocorreria em 1990.

Humberto chega ao Brasil em outubro de 1984, no Rio de Janeiro, onde foi procurar a esposa. Através de cartas envidas, ela conta que havia mudado para a Cidade Maravilhosa. A amada só não contou que estava morando com outro companheiro. O choque foi total pela traição, mas ele procurou entender e até pediu perdão à ex, uma vez que entendia que não poderia cobrar nada de sua parte. Divorciaram-se oficialmente e Humberto voltou para Goiânia, onde teve todo apoio da família. Segundo ele, sem essa força não teria suportado.

A vida a partir de então foi difícil. Não conseguia empregos e nem mesmo frequentar igrejas por causa de sua condição de ex-presidiário. Segundo ele, procurou várias denominações evangélicas, que lhe fecharam a porta também por ser divorciado. Para sobreviver, fazia pequenos trabalhos de artesanato e, quanto à ajuda religiosa que tanto buscava, só conseguiu quando conheceu um pastor, chamado Sandoval, que lhe estendeu as mãos e abriu as portas de sua igreja.

Antes disso, Humberto reencontrou um ex-dependente do seu tempo de traficante, que também havia se convertido e que o convidou para prestar testemunho no complexo prisional de Aparecida de Goiânia. Ele aceitou, mas ao chegar ao local, foi abatido por um grande desalento, uma vez que não estava acostumado com a realidade carcerária brasileira. Fez sua palestra, contudo, prometeu nunca mais pôr os pés em presídios.

Um ano depois, já como membro importante da igreja do pastor Sandoval, entrou em um ônibus e foi reconhecido pelo cobrador, que o agradeceu pelas palavras proferidas naquele dia no presídio, afirmando que aquele testemunho mudou sua vida, tornando-o um trabalhador regenerado. Este fato mexeu com Humberto, que se sentiu impulsionado a voltar a pregar em penitenciárias. A partir de então, já se vão mais de tinta anos. Afirma que por ter sido presidiário, sabe o que falar e quando falar. Devido ao seu notável trabalho de voluntário, sem receber qualquer aporte, foi chamado pelo Secretário de Administração Penitenciária e Justiça de Goiás da época, Edemundo Dias, para ser coordenador do voluntariado do complexo prisional. Na data de nossa entrevista, já estava há mais de dez anos no cargo.

Só mesmo Humberto poderia exercer tal função de extrema confiança devido ao seu livre acesso em todas as unidades, sempre respeitado e admirado pelos detentos e servidores. Conta que já passou por diversas situações. Propostas milionárias de presos e de pessoas de fora para se corromper surgiam aos montes, contudo, jamais desperdiçaria o que conquistou com tanto esforço. Chegou a ser investigado pelas polícias civil e federal, sem que nada comprometedor fosse encontrado.

Seu trabalho consistia em organizar a entrada de grupos religiosos e voluntários, sem interferir no dogma de ninguém. Relata um episódio em que, na unidade de segurança máxima, um detento reclamou da ausência de religiosos católicos, pois queria ser batizado naquela fé. Humberto então intermediou a entrada de um padre para realizar a cerimônia, mas, por essa atitude, sofreu duras críticas de pastores e grupos evangélicos que queriam "monopólio das almas", ao passo que Humberto respondeu que seu compromisso era com a evangelização e não com religião.

Em sua opinião, o sistema prisional e a Justiça são muito parciais, visto que, em comparação aos presos famosos de Brasília, ali havia centenas na mesma situação que não possuíam os mesmos benefícios. Quanto às polêmicas regalias dos apenados nas unidades goianas apontadas em relatórios dos mutirões, Humberto defende tais práticas até certo ponto. Acha que a retirada dos telefones públicos e aparelhos como geladeiras e televisores das celas geraria rebeliões, o que dificilmente ocorria nas unidades do estado. Relata que o próprio *PCC* ofereceu associação a uma facção de Goiás, mas os líderes na época recusaram, alegando que não era de seu interesse "tocar o terror" no sistema.

Na data da entrevista, Humberto era pastor há 13 anos em um ministério apostólico, no bairro de Recanto das Minas Gerais em Goiânia. Estava em um segundo casamento há 24 anos e tinha dois filhos. Enfatizava que para a recuperação do preso o mais importante é o apoio familiar. Sem este, segundo ele, é quase impossível alguém se reerguer.

3.2 Distrito Federal

Período de entrevistas: de 28 de outubro a 04 de novembro de 2013.

O Distrito Federal, como todos sabem, é onde se localiza o centro do poder nacional. Mas tal fato não é o suficiente torná-lo uma Unidade Federativa segura, pelo contrário, nos arredores de Brasília, as taxas de criminalidade nas chamadas cidades satélites são elevadíssimas, ao que se acresce ainda a criminalidade nas cidades goianas do entorno. Apesar dos desafios, os mutirões do DF foram bem-sucedidos na medida do possível. Não foram apontados casos graves de superlotação, e as estruturas das unidades estavam bem conservadas, talvez porque quando falamos em presídio em Brasília, logo nos remetemos à Papuda, onde alguns presos importantes cumprem ou cumpriram parte de suas penas nos últimos anos.

A Papuda é um complexo penitenciário formado por seis unidades. Apesar de nos mutirões não ter sido constatada superlotação, foi recomendada a construção de novos presídios. Também foi verificada a necessidade de maior criação de oportunidades de empregos, uma vez que presos cumpridores do regime semiaberto permaneciam totalmente fechados por falta de trabalho externo.

No início dos mutirões, muitos órgãos públicos passaram a contar com egressos atuando em suas repartições. Infelizmente, ao passar dos anos, a prática foi diminuindo e, na época das entrevistas, poucos contratavam ex-presidiários. Dentre algumas exceções, estava o gabinete do próprio ministro Gilmar Mendes, onde encontramos alguns egressos trabalhando, principalmente um chamado Marcelo Henrique, 32 anos, preso por tráfico de drogas, aguardando em liberdade a definição de sua pena. Ele teve esta oportunidade no Supremo em 2011 e a agarrou com muito afinco, sendo muito importante e querido pela equipe do ministro desta época.

Para combater a falta de vagas profissionais, o governo distrital contava com a excelente estrutura da *Fundação de Amparo ao Trabalhador Preso* (*FUNAP*), sob a direção de Adalberto Monteiro. A *Funap* atua na formação profissional e educacional dos presos, além de ser articuladora e fornecedora de mão de obra para empresas públicas e privadas.

Centenas de egressos são beneficiados pelo apoio do órgão e, muitos deles, seguem seu rumo próprio a partir desta ajuda prestada, foi o caso do nosso primeiro entrevistado.

Guilherme: a reciclagem de vidas

Na data da entrevista, Guilherme contava com 41 anos de idade. Mas sua jornada por "caminhos tortos" começou muito cedo. Nascido e crescido em Taguatinga Norte, vivia em um lar onde era obrigado a presenciar brigas diárias devido ao alcoolismo do pai, o que lhe causou sérios danos emocionais, levando-o a se envolver com a maconha logo aos treze anos. Não gostava de estudar e ao quatorze foi trabalhar como empacotador de supermercado, onde aproveitou a oportunidade para furtar alimentos.

Aos quinze, partiu para drogas mais pesadas, como a cocaína e injeções. Nessa época, conheceu pessoas que o fizeram mergulhar de vez na criminalidade. Era usado por maiores para furtar veículos no Plano Piloto e os levar para desmanches. Chegava a subtrair até três carros por dia, sendo apreendido diversas vezes, ocasionando problemas de saúde em sua mãe, a qual veio a falecer anos mais tarde vítima de uma sequência de derrames. O pai havia morrido antes, devido ao uso excessivo de álcool e nicotina.

Com dezesseis anos, Guilherme fugiu de uma unidade socioeducativa e foi parar no Estado do Rio Grande do Norte, pois já estava muito visado em todo o Distrito Federal. Em Natal, continuou a furtar veículos. Como conseguiu juntar uma boa quantia, aos dezoito, investiu em bugres na capital potiguar, mesmo assim, prosseguiu com as práticas criminosas, até ser preso e levado para a

Penitenciária Central João Chaves, conhecida como *Caldeirão do Diabo* naquele estado. Neste verdadeiro inferno, prometeu não se envolver mais em crimes ao ver tamanha barbaridade que acontecia ali. Para sua sorte, foi expedido um alvará de soltura em três meses e Guilherme resolveu voltar para sua terra, o Planalto Central.

O problema é que em Brasília iria ser difícil manter sua promessa, haja visto que os mesmos aliciadores do passado tornaram a procurá-lo. Ofereceram dinheiro, com a desculpa de ajudá-lo, só que depois veio a cobrança: exigiram que ele voltasse a praticar crimes, agora, em outro nível, passando de furtos para assaltos à mão armada. Entrou para o *hall* dos grandes criminosos brasilenses, sendo perseguido implacavelmente pelas forças policiais.

Temendo por sua vida, Guilherme aumentou a quantidade de assaltos para poder juntar um montante e fugir do DF. Não deu tempo, uma vez que em outubro de 2002 foi pego em um assalto e levado para a delegacia, onde soube que já estava condenado a 19 anos e 4 meses à revelia. De lá, percorreu vários presídios até se estabelecer no Complexo da Papuda. Depois de três anos e meio, regrediu para o semiaberto e passou mais três anos no Centro de Prisão Progressiva (*CPP*). Neste período estudou e se profissionalizou no curso de fabricação de bolas dentro da penitenciária, graças à *Funap*, o que foi determinante em sua mudança. Ele afirma que o momento que parecia ser o pior de sua vida, foi na verdade o melhor que poderia ter lhe acontecido, senão, tem a certeza de que não estaria vivo.

Em 2007, saiu em regime aberto e montou uma pequena fábrica de bolas com outros três egressos na localidade da

Cidade Estrutural. Só que o começo foi extremamente difícil. Antes, quando ainda estava no semiaberto, vendia as bolas que ele mesmo fabricava, mas constatava a dificuldade de obter êxito devido à sua condição de presidiário. Reclama também da concorrência desleal que sofria por conta dos mercados chinês, paquistanês e coreano, uma vez que as bolas fabricadas nestes países saíam a um custo e qualidade bem inferiores, enquanto Guilherme e seus sócios tinham custos elevados para a compra de material, sem falar da mão de obra totalmente artesanal. O preconceito ainda persistia. Para a compra de materiais, os lojistas exigiam pagamento adiantado, enquanto para outros fabricantes, o tratamento era muito diferente.

Apesar destes obstáculos, muita gente resolveu ajudar comprando as bolas, pois percebiam o esforço e a dedicação que aquele grupo de quatro homens estava fazendo para mudar de vida e ter de volta sua dignidade. A produção foi crescendo, chegando à incrível marca de mil bolas por mês, sem auxílio de qualquer maquinário. Agora compram materiais dos fornecedores das grandes fabricantes, que depositam extrema confiança no trabalho do grupo, deixando que os pagamentos sejam efetuados a longo prazo. Por ironia, aqueles que no início se recusavam a vender, passaram a procurá-los querendo negociar.

Diante da proporção absurda que a fabricação de bolas foi tomando, foi necessário recrutar mais pessoas, ex-detentos ou não, tendo iniciado em um terreno gigantesco, mas abandonado e distante, uma espetacular comunidade cooperativa chamada *Sonho de Liberdade*. A fábrica de bolas foi só o começo, porque a ideia mais extraordinária ainda estava por vir. E ela veio diante da observação de

Guilherme sobre os caminhões que iam rumo ao aterro sanitário que, diariamente, passavam por ali lotados de madeiras de resto de obras, sobretudo do Estádio Mané Garrincha, que na época estava sendo reformado para a Copa do Mundo. Pediu então aos motoristas que, ao invés de jogarem as madeiras no aterro, o fizessem no terreno da cooperativa. Daí, passaram a tratar as madeiras e reaproveitá-las em diversos tipos de produtos, inclusive na construção de casas no local. Outros clientes foram chegando e, hoje, vendem o material ou simplesmente a madeira tratada para a indústria, comércio e governos.

Com isso, o grupo foi crescendo e, na época da entrevista, contava com cerca de oitenta pessoas, sendo os líderes de produção detentos dos regimes semiaberto ou aberto. Além disso, há também desde ex-dependentes químicos a ex-prostitutas sem qualquer discriminação, com todos trabalhando e compartilhando os lucros, gerando cerca de três mil reais mensais para cada um. O expediente da cooperativa é de 7 às 17 horas, e ela é registrada desde 2007, com direito a *CNPJ*. São várias frentes de trabalho, desde a recuperação da madeira até a criação de móveis, brinquedos e outros objetos. Sem falar da produção de bolas de futebol, que continua a todo vapor. Passaram a dispor de caminhões e tratores próprios, além de um pequeno maquinário, uma vez que tudo o que arrecadam é investido na própria cooperativa. Alguns moram no local com suas famílias, inclusive Guilherme, que está casado há mais de vinte e cinco anos, com três filhos e já é avô. A casa onde moram foi construída por ele próprio com as madeiras que recuperou. Sua filha mais velha era a presidente da cooperativa e estava prestes a ingressar na faculdade de administração de empresas.

Mesmo com tantas conquistas, a comunidade ainda era vista com preconceito. Muitos mudaram do bairro com medo de conviver próximo a ex-presidiários. Porém, eles recebiam assistência de instituições religiosas, *ONGs* e faculdades. Guilherme pedia recursos do governo e não era atendido. A comunidade carecia de energia elétrica eficiente, abastecimento de água satisfatório, saneamento básico e asfalto. Solicitavam também maquinário para empregar mais egressos, porém, seus pedidos frequentemente eram todos em vão. Ainda bem que não contavam muito com o poder público para seguirem em frente.

Em junho de 2012, Guilherme recebeu um indulto, estando livre de qualquer dívida para com a Justiça. Adquiriu crédito, uma vez que estende as mãos para presidiários, livrando a população da criminalidade que poderia ser cometida por aqueles que não têm oportunidades. Compara os egressos às madeiras que restaura, porque a sociedade acha mais conveniente jogar no lixo ao invés de tentar recuperar. Apesar de tantas realizações, o que ele mais queria, na verdade, é que todos acreditassem na reciclagem das pessoas.

Joaquim: o conhecimento que liberta

A história de Joaquim faz com que muitas famílias se identifiquem com o drama sofrido, principalmente as que são consideradas mais estabilizadas, ao menos, economicamente. O que difere é o rumo que ele decidiu dar ao seu destino. Na época da entrevista contava com trinta e cinco anos de idade e foi um dos poucos egressos que enfatizava a necessidade do sigilo de seu verdadeiro nome, pelo menos por ora, para se preservar profissionalmente.

Joaquim é natural de Brasília e filho de servidores públicos. O pai é funcionário da Câmara Federal e a mãe, da secretaria de saúde do Distrito Federal. Tem um irmão procurador em Minas Gerais e outro servidor da secretaria de educação, ou seja, uma família bem-sucedida e estável, o que não significou que os problemas sociais não pudessem alcançá-los.

Quando Joaquim contava com oito anos de idade, o pai se aposenta do Congresso e vai com a família para o município de Buritis, em Minas Gerais, onde ingressou na carreira política exercendo dois mandatos como vereador. Aos quatorze anos, Joaquim retorna sozinho para Brasília, a fim de entrar para a Escola do Exército. Foi morar em um imóvel do pai, ficando sob os cuidados de uma inquilina.

Este retorno para o Distrito Federal foi determinante para o que viria a acontecer. Ao ser reprovado nos exames, Joaquim se deprimiu e começou a se envolver com "pessoas erradas", as quais lhe apresentaram a vários tipos de drogas. Com quinze anos, já começou a praticar furtos para sustentar o vício, o qual não estava mais dando para ser coberto somente com o valor da mesada.

Quando a família ficou sabendo o que estava acontecendo, o pai teve que voltar para levar o filho a um psicólogo da Câmara, que indicou uma internação em uma clínica de Canoas, no Rio Grande do Sul, onde o jovem permaneceu durante um ano. Neste período de internação, se livrou do vício e até passou a frequentar cultos religiosos. Saiu de lá se sentindo curado e voltou a estudar, no entanto, sentia muita dificuldade pelo tempo em que ficou parado. Por causa desta dificuldade nos estudos, afastou-se da igreja que frequentava e retornou ao vício das drogas, em especial, à cocaína. Estava no primeiro ano do ensino médio, com dezesseis para dezessete anos de idade. Foi então que a família se viu obrigada a retornar de vez para Brasília, logo após a conclusão do primeiro mandato do pai.

O vício o levou a se envolver com pessoas mais perigosas, como um grupo de peruanos que praticava assaltos no Distrito Federal. Como Joaquim era menor de idade, passaram a utilizá-lo em pequenos furtos em hotéis. Porém, quando completou dezoito anos, um desses peruanos convocou Joaquim e mais três brasileiros para fazer um "servicinho" em uma joalheria. Antes da ação, ele afirma que havia passado o dia inteiro consumindo cocaína. No local combinado, na Asa Norte, ele e mais um "amigo" chegaram antes do restante da quadrilha. Os dois então resolveram entrar no prédio comercial, enquanto os outros ficaram do lado de fora dando suporte. Só que dentro da joalheria, o inesperado aconteceu: o dono do estabelecimento reagiu e rendeu Joaquim com facilidade, visto que era muito franzino devido ao uso de drogas e má alimentação. O comparsa então interveio na luta e disparou à queima roupa contra o comerciante. Os tiros foram fatais.

Toda a quadrilha fugiu em direção ao Espírito Santo. Contudo, um mês depois, os comparsas fugiram novamente daquele estado, deixando somente Joaquim para trás. Uma denúncia anônima foi feita, provavelmente pelos próprios bandidos, indicando o local em que ele se encontrava. Foi o único preso do bando, afinal, era o suficiente para desviar o foco das investigações, porque prendendo um já bastava. Em compensação, tempos depois ele ficou sabendo que era o único vivo.

De volta ao Distrito Federal, foi condenado a 25 anos de prisão por latrocínio. Cumpriu dez anos em regime fechado no Complexo Prisional da Papuda, de onde só saiu em 2007 no semiaberto. Os cinco primeiros anos de cárcere, ele considera ter sido um período de degradação total. Passou a aplicar drogas injetáveis dentro da penitenciária. Estava raquítico, em um estado deplorável. A família deu apoio, mesmo devastada com a situação. Até que o pai desistiu de visitá-lo e levar dinheiro, pois considerava que estava financiando a morte do próprio filho. Proibiu também a esposa de voltar a fazer visitas, contudo, ela se recusou, dizendo que jamais o abandonaria. Este conflito gerou uma situação insustentável no casamento, ao ponto de levá-los à separação. O pai retornou para Buritis, onde se tornou empresário e teve mais dois filhos de um segundo casamento.

Até retornar à penitenciária, a mãe ficou seis meses sem vê-lo. No momento do reencontro, chorou ao ver o estado em que Joaquim se encontrava, praticamente um mendigo, pois sem o dinheiro fornecido pelo pai, nem um calçado pôde comprar. Ela então pediu que o filho parasse com as drogas e que tentasse mudar. Este pedido o fez refletir. Tentou por três vezes, mas sentia-se trêmulo com a abstinência e tinha constantes recaídas. O fato determinante para encerrar de vez com o vício foi quando comprou drogas de um traficante da penitenciária e viu o mesmo sujeito comprar comida com o dinheiro que recebeu. Caiu em si ao ver o traficante forte e bem alimentado, enquanto ele estava em "pele e osso". Daí em diante voltou a ler a bíblia e procurou os psicólogos da unidade. Não tinha muitas amizades. Conversava com Deus sozinho, ou o que ele chama de "ser espiritual", levando os outros detentos a acharem que estava ficando louco. Além da bíblia, começou a "devorar" outros livros. Foram mais de mil, segundo ele.

Outro momento que marcou sua vida foi quando conheceu seu mestre, como ele define um detento mais velho, que cumpria pena por ter assassinado um assaltante que entrou em sua loja, ou seja, ironicamente o lado oposto do crime pelo qual foi condenado. Este mestre passou a orientá-lo com sabedoria. Citava os ideais da Revolução Francesa, *liberdade, fraternidade e igualdade*, dizendo que com essas três palavras outra grande cadeia caiu. Afirmou que se Joaquim conhecesse o real sentido delas, sua vida mudaria para sempre. Ainda parafraseou Rui Barbosa, proferindo que *a liberdade é um conceito abstrato do fato concreto da libertação*. Se Joaquim conseguisse materializar a libertação das drogas, conseguiria entender o que é a liberdade. Ainda o aconselhou com outra citação, que dizia: *construa uma masmorra para os vícios e um templo para as virtudes*.

Estas frases foram fundamentais para a vida de Joaquim dali por diante. Começou a entender o porquê de seus vícios e percebeu que o maior deles era a revolta, utilizando a cocaína apenas como subterfúgio. O mestre então pediu que tentasse enxergar pelo menos uma virtude de cada um daquele lugar, inclusive, em si próprio. Havia 360 presos na unidade naquele momento. Um era exímio instrumentista, outro sabia ler em braile, já um terceiro era *expert* na culinária. Joaquim iniciou então uma jornada para absorver o que cada um tinha a oferecer. Aprendeu a falar espanhol com os presos paraguaios; a ler partituras com o músico; a ler e escrever na língua dos sinais, entre outros dons encarcerados naquele local.

Depois disso, passou a pedir, através de cartas, cursos e livros para dentro da penitenciária. Estudou muito. Foram 63 diplomas profissionalizantes e teológicos, além da conclusão do ensino médio. Passou em dois vestibulares para a *Universidade Católica de Brasília*, com bolsas de cem por cento para os cursos de Comunicação Social e Filosofia. Contudo, o juiz da Vara de Execuções Penais não permitiu seu ingresso devido ao seu grave crime praticado.

Surge aí uma discussão importante, que Joaquim levanta a bandeira: a questão da não individualização da pena, vigente na época. Se não ocorresse a decisão do Supremo Tribunal Federal, de tornar inconstitucional o artigo 2º da lei dos crimes hediondos, Joaquim só sairia da penitenciária em 2017. Graças à individualização da pena, ele pôde ser diferenciado de outros criminosos.

Com a não autorização para o ingresso na universidade, o desânimo o abateu, ainda mais que teve de ser transferido de unidade por causa da separação que fizeram para agrupar os detentos pelo tamanho da pena. Foi parar na unidade do *PDF*, conhecida como "Cascavel", onde nem se quer tinha direito a ler a bíblia. Com essa nova realidade, já quase no fim de sua passagem pela Papuda, esteve perto de enlouquecer. Sem acesso a livros e cadernos, passou a escrever fórmulas químicas e biológicas nas paredes da cela. Graças à intervenção de um defensor público, em 2007 teve o pedido de progressão de regime concedido pelo juiz e foi transferido para o Centro de Progressão Penitenciária (*CPP*), unidade destinada ao cumprimento do regime semiaberto. Quem trouxe a boa notícia foi o próprio pai, com quem, a esta altura, havia reatado, depois de dois anos sem contato.

De ânimo renovado, prestou mais três vestibulares e passou em todos: *Universidade Católica*, para o curso de Direito, *Instituto de Educação Superior de Brasília* (*IESB*), também para Direito, e foi o primeiro presidiário a passar em um vestibular da *Universidade de Brasília* (*UnB*). A dificuldade agora seria conseguir emprego. Nem os parentes queriam contratá-lo, devido ao preconceito com o qual já estamos acostumados. Quanto às universidades, diferentemente da primeira vez, agora não teria direito à bolsa, uma vez que o benefício só é concedido para presos do regime fechado. O pai então resolveu pagar o curso de Direito na *Universidade Católica de Brasília*, apesar da dificuldade financeira que atravessava naquele momento. Mais tarde, a universidade lhe concedeu uma bolsa social de cem por cento e, através da *Funap*, foi trabalhar na recuperação de asfalto, até ser convidado a trabalhar no gabinete do próprio órgão, por causa de sua extrema capacidade e conhecimento. O problema é que com a mudança de governo distrital, ficou desempregado um mês depois e passou mais seis nesta condição. Por um triz não perdeu o benefício do semiaberto.

Tudo mudou quando foi convidado a ser estagiário no escritório de um advogado renomado de Brasília que soube de sua história através de um professor da universidade, que fez excelentes recomendações. O advogado quis conhecê-lo e decidiu dar-lhe uma oportunidade. Estava no 3º período do curso. Neste escritório, permaneceu por dois anos e meio, até ser convidado a trabalhar na vice-governadoria do Distrito Federal. À época, concluiu o curso de Direito.

Após o sonho de possuir um diploma universitário ter sido concretizado, Joaquim entra em uma fase de incertezas e frustrações. Será que a sociedade iria aceitá-lo como advogado? Tinha muito receio de não ser aprovado na Ordem, não pela sua capacidade, mas por ainda estar cumprindo pena. Obteve uma primeira vitória ao ter seu pedido da carteira de estagiário deferido. No entanto, a de advogado não foi aprovada.

Começa então o período que ele julga como o mais marcante de sua vida. Seu caso foi levado ao plenário do conselho da Ordem. Durante o julgamento, estavam presentes o presidente distrital da *OAB* e todos os conselheiros. O relator do processo utilizou um excelente argumento técnico e humanitário da questão a favor de Joaquim. Argumentou que *a idoneidade moral é subjetiva e que qualquer questão não pode ser levada em conta somente por um determinado ato de uma pessoa, mas, sim, por todo seu histórico. Com isso, não cabia à OAB interromper aquela trajetória, pelo contrário, deveria apoiá-la.*

Em seguida, Joaquim sobe na tribuna para advogar em causa própria, primeiro, agradecendo a todos que lhe estenderam a mão naquela jornada. Lembrou as dificuldades e os obstáculos dentro da penitenciária para estudar, mas passou por todos porque tinha um sonho. Este sonho o fez ser aprovado em um dos exames mais difíceis da história da Ordem, o qual teve índice de reprovação de noventa por cento. Disse que sua pena não era perpétua e seria advogado quando pagasse tudo o que devia, mas a decisão estava nas mãos de Deus e dos conselheiros ali presentes.

Depois do pronunciamento, achou que seu pedido seria indeferido, já que todos também quiseram se pronunciar. Para sua surpresa, os discursos foram emocionantes a seu favor e, por fim, o pedido foi deferido por unanimidade. Até mesmo o presidente da comissão, que havia negado anteriormente, veio desculpar-se e ainda convidá-lo para compor a *Comissão de Ciências Criminais e Segurança Pública do Distrito Federal*. Deu-lhe os parabéns e as boas-vindas ao quadro da *OAB-DF*.

Joaquim é pós-graduado em Direitos Civis e na época da entrevista estava montando o próprio escritório, enquanto trabalhava no departamento jurídico de uma empresa privada, onde todos desconheciam sua condição. Por isso o pedido enfático de utilização de nome fictício para não sofrer possíveis retaliações. A única a saber era uma colega de trabalho, a qual deu todo apoio e seria sua sócia no novo escritório.

Estava casado há oito anos e tinha uma pequena filha. Com muito esforço conseguiu comprar casas e automóveis para poder dar conforto à sua família. Reclamava que mesmo obtendo sua carteira da OAB, sofria discriminação nos órgãos. Em alguns, quando levava petições ou documentos, era tratado como presidiário em vez de advogado. Chegavam ao cúmulo da quase infantilidade de tratá-lo como *você*, por se recusarem a chamá-lo de *doutor* como se referiam aos demais bacharéis.

Mesmo assim, Joaquim não se abatia e seguia em frente. Agradecia muito aos ministros do Supremo Tribunal Federal que mudaram a lei da individualização das penas, afinal, como se diz até na bíblia, é preciso separar o joio do trigo. Enfatiza essa questão, porque o sistema e a sociedade não podem tratar as pessoas como números ou estatísticas. Cada um tem suas histórias, suas necessidades e seus objetivos.

Por fim, pede aos governos mais oportunidades educacionais para os apenados. Para ele, miséria e desigualdades se combatem com educação e não com violência e punição perpétua.

CAPÍTULO IV

ATRAVESSANDO AS FRONTEIRAS DO PRECONCEITO

4.1 Paraná

Período de entrevistas: de 02 a 12 de dezembro de 2013.

A administração carcerária no Paraná é dividida entre as *Secretarias de Estado da Justiça e Cidadania* (*SEJU*) e de *Estado da Segurança Pública*, onde a primeira é responsável por penitenciárias, centros de observação, complexo médico-prisional e centros de detenção e ressocialização, enquanto a segunda é responsável por delegacias, cadeias públicas e centros de triagem.

Durante os mutirões no estado, verificou-se que a situação do Paraná era uma das melhores do país por contar com presídios dignos e sem problemas de superlotação nas penitenciárias. No entanto, foi uma das unidades federativas em que os problemas de prisões em delegacias eram mais alarmantes. Em algumas, a capacidade era de 24 presos, mas contava com 150 em estruturas precárias. A causa se deve pela demora entre os trâmites necessários entre as secretarias, pois, enquanto nas delegacias os presos ficavam abarrotados, nas penitenciárias sobravam vagas. Os mutirões apareceram para corrigir este problema, agilizando a transferência de presos definitivos para o controle da *SEJU*. Mesmo assim, o problema persistia, sendo necessário um constante controle para equacionar esta balança. Outro problema gravíssimo no Paraná era a falta de Defensoria Pública fora de Curitiba, o que prejudicava muito as pessoas que não tinham como pagar sua defesa e passavam mais tempo do que deveriam atrás das grades.

O mutirão de 2010 foi coordenado em cada metade pelos juízes goianos Wilson Dias e, depois, Éder Jorge. Os trabalhos foram divididos em quatro polos, em uma espécie de minimutirões, devido ao tamanho do estado. No polo 4, destaque para a região de Foz do Iguaçu devido à complexidade da tríplice-fronteira, principalmente com o Paraguai, o que ocasionava uma série de problemas relacionados à entrada de entorpecentes, armas e produtos contrabandeados.

Muitos paraguaios povoam as penitenciárias da região. O juiz federal Rony Ferreira, subcoordenador do polo, chama a atenção para o não cumprimento do *Tratado de Transferência de Pessoas Condenadas e Menores*, assinado e firmado entre Brasil e Paraguai no ano 2000. Muitos presos daquele país se queixavam de não receberem visitas de parentes há anos e pediam o cumprimento de suas penas do outro lado da fronteira. Era uma grave violação dos direitos humanos que vinha sendo praticada. O problema deveria ser acompanhado de perto pelos órgãos responsáveis de fiscalização brasileiro e paraguaio.

Especificamente em Foz do Iguaçu, foi criado, em maio de 2013, o primeiro Patronato Penitenciário Municipal do país, que tem por objetivo fiscalizar, acompanhar as penas alternativas e dar assistência total a egressos e seus familiares nas esferas jurídica, psicológica, social, pedagógica e cultural. O órgão, na época das entrevistas, estava sob a direção geral da advogada Luciana Ferreira e sob a direção técnica de Alexandre Calixto, incansáveis na luta pela ressocialização. Através do Patronato, muitos presos tinham adquirido a oportunidade de trabalho na cidade, desde a manutenção e ornamentação do patrimônio público, até a contratação por grandes empresas, como é o caso da ex-detenta Elisângela Marques Ramos, primeira mulher no canteiro de obras da então futura Universidade de Integração Latino-Americana (*UNILA*), projetada por Oscar Niemeyer. Elisângela, assim como vários outros egressos, foi contratada pelo consórcio responsável pela obra e agradecia muito a oportunidade porque, através do Patronato, concluiu vários cursos de capacitação para o mercado. Ademais, outros membros de sua família também foram recrutados e tinham total acompanhamento do órgão.

Destaque também para a Hidrelétrica Binacional de Itaipu, que firmou um audacioso contrato com o *CNJ* para a aquisição de mão de obra de egressos. A hidrelétrica era grande parceira de longa data na ajuda de ressocialização de presos.

Falando em oportunidade, outro ex-detento que a agarrou mesmo dentro do cárcere foi:

Pedro Alcântara: a comunicação transformadora

Pedro foi mais um que optou por utilizar nome fictício temendo o já velho e conhecido preconceito sofrido por aqueles que passaram pelo cárcere. Mineiro, de Muriaé, foi obrigado a se mudar para Foz do Iguaçu aos dezoito anos quando seu pai, funcionário da Receita Federal, foi transferido. Ainda esticou sua permanência em Minas Gerais para estudar ciências econômicas em Juiz de Fora. Nessa época, já estava envolvido com drogas, o que ocasionava muitas brigas com os pais, que resolveram trazê-lo de vez para a cidade fronteiriça, na tentativa de tentar frear a dependência do filho.

A tentativa foi em vão. A compulsão de Pedro era cada vez maior. Foi internado em várias clínicas, passando um total de seis meses, o que não resultou em efeitos concretos. Seu vício só foi aumentando. Aos 29 anos, foi pego com uma grande quantidade de cocaína e indiciado, inicialmente como traficante, mas depois o consideraram apenas usuário, o que ocorreu mais duas vezes. Só que em outras duas, do total de cinco prisões, não teve jeito e foi mesmo fichado por tráfico. Pedro confessa que realmente traficava, porém, não da forma convencional que conhecemos, e sim vendendo aos amigos para poder sustentar a própria dependência.

Foi condenado a quatro anos. Nos dois primeiros, cumpriu pena na Cadeia Pública, e descreve que o período que passou por lá *foi só de sexo, drogas e rock and roll*, devido à facilidade de acesso a tudo que vinha do exterior.

Depois de levar uma vida de rei, como ele mesmo afirma, foi transferido para a Penitenciária Estadual de Foz

I (*PEF1*), onde sua vida começaria a mudar. Na *PEF1* a rigidez era total. Na época, a unidade era comandada pelo mesmo Alexandre Calixto, futuro diretor do Patronato, o qual mantinha a disciplina e organização do local, mas nem por isso deixava de priorizar os direitos humanos. Este encontro dos dois mudaria a vida de Pedro que, desde cedo, apesar do vício, sempre foi muito inteligente e comunicativo. Disse um dia para o diretor que ainda seria um Amaury Junior, sua referência na tevê brasileira.

Quando uma faculdade resolveu implantar o projeto de rádio na penitenciária, o nome de Pedro logo foi indicado, pois além de sua predisposição para a comunicação, pesava o fato de seus pais terem sido colunistas sociais muito conhecidos em Foz do Iguaçu anos antes. Durante as quatro semanas em que a rádio funcionou, Pedro se destacou surpreendentemente e decidiu que realmente era isso o que desejava para sua vida. Ao sair em 2003, depois de cumprir um ano e dois meses na *PEF1*, presta um novo vestibular e passa em primeiro lugar para o curso de publicidade e propaganda. Tempos depois, Pedro elabora o projeto de um programa nos moldes de seu ícone, Amaury Junior, e vende a ideia para uma emissora local. O projeto então é aceito e, na data desta entrevista, já somavam dez anos desta parceria.

Mas se engana quem pensa que ele parou por aí. É difícil encontrar quem transite no meio social de Foz do Iguaçu e não conheça Pedro Alcântara. Ele prestava consultoria em *marketing* e cobria eventos para vender seus trabalhos para emissoras, rádios e jornais. Expandiu seus negócios para além das fronteiras, tendo um escritório em Ciudad del Este, onde também é muito conhecido. Na época, comprou um espaçoso imóvel no centro de Foz, com a intenção de abrigar sua agência de propaganda, já possuindo excelente estrutura para transmissões de rádio ou TV.

Apesar das conquistas e do respeito obtido, o Amaury Junior de Foz do Iguaçu pensava em dar uma pausa em suas atividades para passar uma temporada nos Estados Unidos a fim de aperfeiçoar o inglês e ampliar seus horizontes. Reclamava dos altos custos brasileiros, o que lhe impedia de contar com uma equipe e alavancar seus projetos. Já teve uma pequena emissora de TV, mas não conseguiu ir adiante e pensava em investir em comércio exterior.

Independentemente do caminho pretendido, Pedro agradece muito ao tempo que passou na *PEF1*, onde se especializou e se livrou das drogas. Este exemplo só reforça a ideia de que é necessário criar modelos de penitenciárias com administrações sérias, que sejam rigorosas e disciplinadoras, contudo, respeitando os direitos humanos e dando a oportunidade àqueles que desejam ser reconhecidos como cidadãos.

Flávio Ribeiro: uma odisseia à ressocialização

O Imperador. É assim que era conhecido Flávio Ribeiro, que embora nascido na cidade de Assis Chateaubriand, montou seu império na Comunidade do Queijo, em Foz do Iguaçu.

A vocação para a liderança talvez tenha sido herdada do pai, um ex-guerrilheiro político na época da ditadura militar. Seu nome era Jorge Ribeiro, aventureiro nato do interior paulista, que chegou ao Paraná e conheceu uma bela moça. Desta relação, nasceu Flávio, em 1969, auge do regime autoritário no Brasil. Três anos depois, Jorge foi obrigado a fugir rumo ao Paraguai porque, àquela altura, estava sendo perseguido, inclusive com sua foto espalhada em cartazes pela cidade. Pegou a mulher, o filho e os cachorros e fez a travessia pelo Rio Paraná a bordo de canoas, abastecido de muitas armas. Estabeleceu-se na cidade de Minga Guazú, a 26 quilômetros da fronteira. Para permanecer no Paraguai, Jorge utilizou a identidade de um irmão policial militar e, como o governo do país vizinho apoiava a ditadura, aceitou exilá-lo como refugiado militar. Por ironia e contradição, Jorge teve então que apoiar o *Partido Colorado* contra os *Liberais*, sendo querido por todos do regime ditatorial daquele país, inclusive, o presidente.

Em terras paraguaias, o casal teve mais dez filhos. Jorge foi gerente de madeireira e sempre tentou manter os filhos longe da violência. Em 1982, o casal se divorcia e a mãe de Flávio retorna ao Brasil com nove dos onze filhos, estabelecendo-se na Comunidade do Queijo. Flávio permaneceu com o pai no Paraguai, onde ingressou na faculdade de medicina em Assunção, ficando por apenas nove meses no curso. Em 1987, resolveu vir para o Brasil atrás da mãe. Em Foz, Flávio atuou em uma área totalmente inusitada ao fazer um curso de cabeleireiro e trabalhar em um salão de beleza. Neste período também aprendeu a pintar, o que faz com certa técnica, e vendia suas obras a fim de complementar a renda familiar.

Em um certo dia, conheceu um menor de dezessete anos de idade e "adotou" o rapaz, levando-o para morar em sua casa. O que, no primeiro momento, foi um gesto de generosidade, passou a ser o início da vida criminosa de Flávio. O menor já era envolvido em atividades ilícitas e acabou arrastando-o para cometer furtos a residências. A curiosidade que o crime já exercia sobre Flávio o fez experimentar essa "adrenalina", como ele mesmo define. No início, a tarefa era simples. Ficava vigiando do lado de fora, enquanto o jovem fazia a "limpa" nas casas. Mas ele foi tomando gosto e, no final de 1988, retornou ao Paraguai, onde montou um grupo para praticar furtos a residências de luxo naquele país.

O retorno ao Paraguai foi apoteótico. Fez questão de atravessar a fronteira como seu pai fizera anos atrás a bordo de canoas, cercado de cães e com várias armas a tiracolo. Afirma que esta imagem, de quando tinha apenas três anos de idade, marcou-o para sempre, embora soubesse que os motivos da travessia eram completamente diferentes. Várias vezes fez o mesmo trajeto, exatamente da mesma forma, com direito a levar a esposa e o filho mais velho, pois, em suas palavras, tem prazer no que o fez sofrer.

De volta ao Brasil, descobriu que o mesmo menor que o levou para o crime o havia denunciado. Flávio então foi preso em 1989 pela primeira vez e ficou chocado com o tratamento que sofreu porque, apesar do fim da ditadura oficial há pelo menos quatro anos, foi torturado em *pau de arara*, segundo ele. Ficou detido somente por quinze dias, porém, um mês depois foi preso novamente e passou mais outros noventa. Foi condenado a dois anos em regime *sursis*, quando o detento cumpre em liberdade, sendo obrigado a comparecer a cada dois meses diante de um juiz, perdendo o benefício se praticar algum delito no período. Porém, antes de terminar a medida, foi expedido um mandado de prisão preventiva por um assalto a uma casa de câmbio, do qual ele alega não ter participação.

Flávio deve ao fato de ser obrigado a cumprir pena por um crime que não cometeu o motivo do seu ingresso mais agressivo na criminalidade, tomado pela revolta contra o sistema. A partir daí, quebrou o regime *sursis* e começou a praticar roubos à mão armada. Montou uma quadrilha especializada em assaltos a casas de câmbio de Foz do Iguaçu, contudo, faz questão de frisar que desconhece o tráfico de drogas, atividade que nunca exerceu apesar da facilidade da fronteira. Fugiu e foi condenado a mais sete anos, que, somados aos dois anteriores, totalizavam nove.

Em 1991, conhece a atual esposa, Lucia, que o acompanha desde então e lhe deu mais quatro filhos. Pela família, resolveu se "aposentar" da vida do crime em 1992, mas logo em seguida foi capturado e levado a cumprir pena em Curitiba. Ficou um ano e seis meses preso, até fugir no início de 1994, iniciando assim uma série de fugas do sistema penitenciário paranaense, fazendo lembrar até mesmo do lendário Lucio Flávio nos presídios fluminenses.

Após a fuga, seu destino foi novamente o Paraguai, onde mantinha muita influência e respeito. Isso acabou quando foi denunciado por refugiar mais de cinquenta fugitivos do Brasil, o que lhe trouxe uma série de problemas. Foi preso e igualmente torturado no país vizinho, no entanto, o governo brasileiro não conseguiu sua extradição devido ao fato de possuir dupla cidadania.

Permaneceu preso durante 45 dias e saiu pela porta da frente mediante o pagamento de propina, prática comum no Paraguai, segundo ele, para quem tem dinheiro. Só que os policiais o ameaçaram para que não continuasse por lá, pois seria um homem morto se descumprisse a ordem. Não restando alternativa, retornou ao solo brasileiro.

Em 1995, comemorava o nascimento de um de seus filhos quando foi preso em uma megaoperação da Polícia Civil em Foz do Iguaçu. Na delegacia, por um descuido absurdo, deixaram o próprio preencher o prontuário. Flávio então aproveitou e o fez com seu nome paraguaio (que é diferente do brasileiro) e, por isso, foram obrigados a colocá-lo em liberdade em três meses por terem prendido o homem "errado". Depois dessa prisão, foi preso mais algumas vezes, mas sempre dava um jeito de burlar a Justiça ou fugir. Em 1998, cumpriu mais uma pena longa, contudo, escapou novamente depois de 10 meses de cárcere.

No ano 2000, Flávio decidiu não mais fugir do sistema e passou a desafiá-lo. Nesta altura já era um dos maiores bandidos do Estado. Um de seus irmãos também havia entrado para a criminalidade e era uma das lideranças do *PCC* paulista. Chegou a propor uma parceria em Foz do Iguaçu, mas Flávio recusou. Tempos depois, o irmão foi morto em confronto com a polícia. Em 2004, o cerco começava a se fechar, o que o fez mudar de ideia e fugir mais uma vez rumo ao Paraguai. Um ano depois foi preso pela Polícia Federal e extraditado. Desta vez, não houve fuga. Cumpriu pena até 2008.

Neste período, fez um pacto com a esposa Lucia. Estava de fato cansado de fugir e não queria mais ser mau exemplo para os filhos que estavam crescendo e entendendo tudo o que se passava. Também havia perdido a mãe em 2007, o que contribui ainda mais para sua reflexão. Foi devastador não poder comparecer ao enterro por ser considerado preso perigoso. Fez acordo com os juízes e o Ministério Público, através do intermédio de Alexandre Calixto, dizendo que iria mudar de vida, mas que precisava de apoio para isso. O juiz da Vara então pediu que Flávio se dedicasse aos estudos e se mantivesse por cinco anos sem cometer crimes. Caso cumprisse o acordo, seria concedido o indulto.

Foi o que ele fez. Concluiu o ensino fundamental ainda na penitenciária e o ensino médio quando saiu, pois os diplomas obtidos no Paraguai não foram reconhecidos porque contavam o outro nome. Tomou gosto pelos estudos e ingressou na faculdade de arquitetura e urbanismo, se formando em 2013 como um dos melhores alunos de sua classe. Além disso, pinta excelentes quadros, alguns se encontram expostos em sua própria casa. Os filhos estavam bem encaminhados, seja em faculdades ou nos esportes, e já era avô de três crianças à época.

Flávio permanecia na Comunidade do Queijo, ribeirinha aos rios Paraná e Iguaçu, onde, mesmo fora do crime, é respeitado e admirado. O local é a porta de entrada do contrabando, mas por ordem de Flávio, era proibido aos contrabandistas portarem armas à vista da população. Também não permitiu o tráfico de drogas no local, nem mesmo o contrabando de agrotóxicos por se dizer um ambientalista convicto, filiado ao *Greenpeace*. Sua liderança trouxe alguns projetos e benefícios para a localidade, como horta comunitária, atividades pesqueiras e esportes, onde muitos presos do regime semiaberto são seus funcionários.

Ele não se vê como o grande bandido que lhe atribuíram. Alega que foi vítima da ditadura e compara sua figura com a de *Robin Hood*, que tirava dos ricos para dar aos pobres, porque sempre ajudou a muitos tanto no Queijo como no Paraguai. Durante a entrevista, a todo instante éramos interrompidos por alguém pedindo ajuda ou conselhos ao imperador, nos mais diversos assuntos.

Atribui seu espírito revolucionário ao pai, que, aliás, foi anistiado em 1993 e se estabeleceu em Foz do Iguaçu. Faleceu em fevereiro de 2013, sem ter tido a oportunidade de registrar o filho em seu nome no Brasil, causando-lhe grande frustração. No entanto, Flávio pretendia realizar este sonho de ter na identidade o nome daquele que sempre foi seu ídolo e maior inspiração para lutar por seus ideais.

CAPÍTULO V

DO CAOS HISTÓRICO À BUSCA POR NOVOS RUMOS

5.1 Espírito Santo

Período de entrevistas: de 23 a 31 de outubro de 2012.

O Estado do Espírito Santo era considerado um dos mais polêmicos com relação à questão carcerária. Um caso que chamou a atenção da mídia foi o episódio do encarceramento de pessoas em contêineres, onde viviam em situação subumana devido ao forte calor e à total falta de higiene. O Brasil foi acionado pelo *Conselho de Direitos Humanos das Nações Unidas*, ainda mais que neste tipo de alojamento foram encontrados menores convivendo com homens acima de dezoito anos, sem qualquer separação por faixa etária.

O estado possuía ainda uma das mais perversas instituições carcerárias do país: a Casa de Detenção de Viana, conhecida como *CASCUV*. Considerada pior do que o purgatório, definida assim por muitos dos entrevistados que por lá passaram, este presídio foi palco de diversas atrocidades, as quais ocorriam quase que diariamente. Há relatos de que presos eram esquartejados de forma rotineira.

Devido a tanto horror, foram necessárias medidas urgentes para o estado. Em 2009, foi realizado o primeiro mutirão carcerário, sob a coordenação do paranaense Rony Ferreira, juiz federal, e Ezequiel Turíbio, juiz auxiliar da Corregedoria do Tribunal de Justiça do Espírito Santo. Os trabalhos foram iniciados no dia 28 de maio de 2009. Foram examinados 5.230 guias de execução penal, das quais 677 pessoas foram beneficiadas. Em relação aos presos provisórios, 3.108 processos foram examinados, sendo concedidos 447 benefícios. Muitos casos absurdos foram constatados, mas sem dúvida o mais emblemático foi de um réu que permaneceu por onze anos em prisão provisória, sendo oito deles em uma delegacia na cidade de Ecoporanga.

O juiz Ezequiel Turíbio avalia que houve muitos avanços na fiscalização dos presídios. Passou-se a combater a tortura e os maus-tratos praticados contra os presos e seus familiares. Criaram-se *Conselhos da Comunidade* praticamente em todo o estado, e o *TJES* criou uma ferramenta, em sua página na internet, denominada de *Torturômetro* e que estava sendo um eficiente instrumento para informar a sociedade a respeito das inúmeras denúncias desta odiosa prática, infelizmente ainda naturalizada e até aclamada por alguns, inclusive autoridades. Vale ressaltar que grande parte dessas ações se deve pelo esforço do juiz Marcelo Loureiro, coordenador, à época, das Execuções Penais do Tribunal de Justiça do Espírito Santo.

Para contar as histórias de quem passou ou passa pelo sistema penal capixaba, iniciaremos por um bem conhecido no estado, cuja iniciativa chamou a atenção até mesmo da alta cúpula do Conselho Nacional de Justiça.

Gustavo: empreendedorismo em prol da sociedade

Sendo natural de Vitória, foi morar com os pais no Rio de Janeiro em uma comunidade na Ilha do Governador quando somava apenas dois anos de idade. Seus pais se separaram em 2000, e Gustavo resolveu ficar com a mãe, voltando com esta para a cidade natal. Na época, havia acabado de completar 21 anos de idade.

Em Vitória, foram morar no Morro do Quadro, onde passou a usar drogas e se envolver com más companhias, as quais o levaram a cometer pequenos furtos. Depois, foi se envolvendo com criminosos de verdade e começou a praticar grandes assaltos. Em agosto de 2001, foi preso em flagrante em um assalto contra uma empresa de granito. Ficou preso durante 10 meses até conseguir fugir, sendo recapturado três dias depois e transferido para o interior do estado, devido ao seu grau de periculosidade. Foi julgado e condenado a nove anos de reclusão. Após dois anos, foi transferido de presídio para presídio, uns mais violentos, outros mais humanizados, o que o fez conhecer, como poucos, todo o sistema prisional do Espírito Santo.

Aos poucos, sua mentalidade foi mudando e resolveu que não queria mais permanecer nesta situação. Depois de ouvir os conselhos de um grupo que participava de um programa socioespiritual, decidiu que já era a hora de mudar.

Foi quando começou sua parceria com a *SEJUS* (Secretaria de Estado de Justiça), que, através de convênios com empresas e instituições, possibilitava o aprendizado e a reinserção social. Gustavo agarrou com afinco todas as oportunidades que lhes eram oferecidas. Concluiu o ensino médio e os cursos de bombeiro hidráulico, eletricista e informática.

Quando obteve a liberdade em setembro de 2007, achou que estava preparado para ingressar no mercado de trabalho. Pela sua capacidade realmente estava, só não contava com o preconceito. Passava em todas as seleções e em algumas empresas chegava a exercer a função relativamente bem, mas sempre era dispensado logo depois que descobriam sua ficha criminal. Até que resolveu bater na porta de uma empresa de banco de couros, a qual havia montado uma linha de produção dentro de um dos presídios pelos quais passou. A empresa abriu-lhe as portas, tendo Gustavo permanecido durante 10 meses como montador. Saiu e foi contratado por uma firma paulista que prestava serviços elétricos e hidráulicos. Seus cursos concluídos dentro do presídio foram valiosos para esta nova oportunidade. Adquiriu bastante experiência até decidir sair e ingressar no programa de microempreendedor individual, trabalhando agora para si próprio e iniciando uma trajetória de sucesso devido sua força de vontade e capacidade empreendedora.

Sabendo de suas conquistas, novamente a *SEJUS* o convocou para mais uma parceria, desta vez a ser palestrante nos cursos oferecidos dentro das unidades prisionais devido ao seu exemplo e sua boa oratória. Gustavo participou de vários eventos de ressocialização, inclusive em Brasília, onde chamou a atenção de magistrados dos mais altos níveis. Nessa época já havia montado uma empresa nos moldes da que trabalhara, oferecendo serviços de construção civil em geral, com foco nas áreas elétrica e hidráulica. Isso começou quando teve um orçamento aprovado para uma grande obra de um condomínio residencial. Precisou, então, mudar seu *status* de microempreendedor individual para microempresário.

No entanto, sua jogada de mestre foi quando resolveu contratar os egressos que saíam do sistema prisional. Seu raciocínio era prático e inteligente e deveria ser seguido por muitos: optou por ex-detentos, primeiro pelo social, ao dar oportunidades àqueles que haviam passado pelo mesmo caminho que o seu. Em segundo lugar, sabia que essas pessoas dariam grande retorno, pois se dedicariam com obstinação à chance apresentada. E em terceiro, os custos fiscais são quase zero para quem contrata presos dos regimes aberto e semiaberto. Com esta mentalidade, sua empresa foi crescendo cada vez mais e expandido os ramos de atuação, uma vez que Gustavo se especializou em instalação e manutenção de gás encanado, ramo ainda pouco explorado na grande Vitória da época. Com a vida melhorando, aproveitou também para se casar em 2009. Conheceu a esposa ainda no presídio quando ela participava do projeto socioespiritual que mudou a sua visão de mundo.

Quando desta entrevista, a empresa continuava ativa e crescendo, muito se deve ao apoio da Secretaria de Justiça, do Tribunal e até mesmo do *CNJ*. No entanto, Gustavo não se acomodou, dividindo seu tempo como taxista, fazendo ponto no aeroporto de Vitória. Seu maior plano, contudo, era continuar como palestrante em presídios para servir de exemplo aos demais encarcerados. Esperava conseguir uma parceria mais efetiva com os órgãos de segurança e estender o projeto aos outros estados e países. Pretendia alcançar seu objetivo mais audacioso: fazer valer sua voz na Organização das Nações Unidas (*ONU*).

Gustavo define a mudança de sua vida em uma única palavra, a mesma que falta à maioria dos egressos brasileiros: *oportunidade*.

Ubiracir: da exploração à conscientização

Sua história parece retirada de folhetins, principalmente porque Bira, como é chamado pela família, é conhecido como *Carminha*, mas faz questão de autenticar sua originalidade, uma vez que a alcunha fora adotada muito anos antes da consagrada vilã da telenovela *Avenida Brasil* de 2012. Nascido em Vitória, é o caçula de uma família de onze filhos. Seus pais, quando se conheceram, já traziam uma prole de outros casamentos, ele com seis e ela com dois. Da união, nasceram mais três. Quando Bira tinha apenas oito anos de idade, perdeu o pai, tendo a mãe que sustentar nove dos filhos, pois dois adultos já haviam se tornado independentes.

Entre os nove e dez anos, descobriu sua homossexualidade, tendo se revelado aos quinze, quando se sentiu obrigado a sair de casa devido à não aceitação da família. Abrigou-se em um barracão de escola de samba, depois na casa de amigos, mas retornava ao seio familiar rotineiramente. Ao completar dezoito anos, resolveu se aventurar no Rio de Janeiro trabalhando de acompanhante de idosos. Depois de três anos na função, voltou a Vitória por uns tempos, contudo, resolve ficar no Rio de vez, onde conhece e ingressa no mundo do carnaval carioca. Chega a trabalhar em uma *ONG* no Morro do Cantagalo, onde dava aulas de artesanato de fantasias para as crianças carentes da comunidade.

Mais ou menos nesta época, recebe de um amigo o apelido de Carminha, o qual lhe acompanha até hoje.

No ano de 1989, uma de suas irmãs, Joana, vai para Itália com um grupo de amigas para se apresentarem como dançarinas. No país europeu, se casa e estabelece residência em Florença. Nove anos depois, em outubro de 1998, Bira (ou Carminha) resolve passar uns tempos na Itália para fazer companhia à irmã, que estava se divorciando. Por lá, Bira começa a ganhar muito dinheiro com leitura de cartas, mesmo não sendo tarólogo, apenas praticante do candomblé. Rapidamente se torna requisitado, inclusive por gente muito rica, mas confessa que enganava as pessoas dizendo tudo aquilo que elas queriam ouvir. Ao passo que faturava, gastava tudo em farras, luxos e diversas loucuras, tanto na Europa, quanto no Brasil. Conheceu pessoas abastardas e, neste período de idas e vindas, começou a amizade com Rubens, ou melhor, Rebeca, uma travesti que se tornou sua grande parceira nos processos pelo quais ainda seria acusado.

Somente no ano 2000 foi que Bira resolveu investir um pouco do que ganhava. Fincou bases em Vitória e inaugurou um restaurante, o qual durou apenas um ano, devido à falta de experiência administrativa. Foi justamente nesta época que sua nova forma de ganhar dinheiro começa a se vislumbrar. Várias moças, e também rapazes, procuravam-no para ajudá-los a embarcar para a Europa, muitos já com a intenção de se prostituir. Bira, apesar de ter convivido com várias pessoas que trabalhavam neste ramo, nunca havia pensado no assunto.

Quando da quebra do restaurante, coincidiu também de Joana decidir morar com o novo companheiro e pedir para o irmão que tomasse conta de seu apartamento. Foi então que surgiu a ideia de Bira montar uma casa de prostituição. Retornou para a Itália a fim de se inteirar sobre o funcionamento do ramo e começou a abrigar duas meninas no apartamento da irmã, onde elas realizavam seus programas e lhe pagavam cem euros por dia cada uma. Aproveitou ainda para se prostituir na rua, onde conheceu mais ainda sobre todo o universo desta prática e, o pior: sobre o tráfico internacional de pessoas, crime pelo qual foi condenado. Bira afirma que nunca exerceu cafetinagem e tráfico de pessoas. Segundo ele, o esquema funcionava porque as meninas o procuravam previamente dispostas a se prostituírem na Europa. Outras iam por objetivos diversos, mas acabavam "caindo na vida". Ficou sabendo que para levar uma pessoa à Europa custaria em média 12 mil euros, então, ele comprava as passagens e as abrigava no apartamento. Em curto prazo, já recebia o retorno do dinheiro investido, sendo logo necessária a compra de seu próprio *apê* para expandir os negócios.

Com a empreitada crescendo cada vez mais, passou a abrigar uma quantidade maior de meninas. Para dar conta, fez parceria com sua amiga Rebeca e ambas continuavam esbanjando com extravagâncias. Em 2006, voltou para Vitória a fim de organizar um megaevento para comemorar seu aniversário de 36 anos. A festa foi um sucesso, só que Carminha não sabia que a essas alturas já estava sendo investigado pela Polícia Federal. Depois da comemoração, aproveitou alguns dias de férias na companhia de um namorado, até que viajou para o Rio de Janeiro a fim de embarcar mais uma jovem. Mas foi então que a "casa caiu", como ele mesmo define. Foi preso ainda no aeroporto junto com seu primo e comparsa, chamado Walter, assim como

Rebeca. Ficaram encarcerados por um ano e quatro meses, até saírem através de um *habeas corpus*.

Carminha afirma que nunca embarcou alguém contra sua vontade, tampouco, dependentes químicos. Diz que o chamado tráfico de pessoas não exercia, porém conhecia casos em que de fato isso ocorria. Do presídio, continuava com a prática na Europa e, para isso, contava com a corrupção dos agentes penitenciários, além de obter luxos e privilégios durante o encarceramento. Saiu no final de 2007 e voltou a trabalhar com gastronomia em Vitória, o que não deu certo novamente, pois o que recebia não supria as necessidades extravagantes com as quais estava habituado.

Resolveu então continuar a embarcar meninas interessadas em ganhar a vida na Europa, só que desta vez, a investigação da Polícia Federal foi bem mais ampla, passando oito meses na cola do grupo. Em julho de 2009, além de Carminha, Rebeca e Walter, foram presos a irmã e um amigo na Itália, além de mais um primo e uma sobrinha no Brasil, todos acusados de formação de quadrilha. Esta sobrinha, segundo Bira, entrou por engano na jogada, uma vez que apenas apresentou uma amiga ao tio para ser levada à Itália, versão que não convenceu a Justiça, que a condenou a onze anos de prisão. A irmã, Joana, ficou apenas 40 dias presa porque o governo italiano se recusou a conceder extradição e levar o caso adiante, alegando insuficiência de provas.

Carminha, Rebeca e Walter foram condenados por formação de quadrilha, tráfico de pessoas e rufianismo. Walter foi condenado a 22 anos de reclusão, enquanto Ubiracir (Carminha) recebeu 36 anos no total. Rubens (Rebeca) foi condenado a uma pena um pouco menor.

Diferentemente da primeira prisão, Bira agora conheceu a dura realidade do sistema carcerário, sem os privilégios da passagem anterior. Chegou a dividir uma cela com vinte e dois presos, onde só caberiam dez. Pertencia ao grupo dos malvistos da cadeia por causa de sua homossexualidade, embora nunca tenha sofrido violência, uma vez que se impunha diante dos demais. Na época da entrevista se encontrava em situação mais confortável no Presídio de Segurança Média II (*PSME II*), sob a administração dos diretores José Antônio Gomes e Fábio Luiz, contando com uma equipe atenciosa, com destaque para o assistente social Cristiano. Trabalhava e estudava no presídio, afirmando que queria distância da vida que levara, pois, o que ele considera como tragédia, levou junto dois primos, uma irmã e uma sobrinha para a prisão. Até mesmo sua mãe foi indiciada por associação à quadrilha.

Quando saísse em progressão de pena, pretendia permanecer no Brasil para se formar em gastronomia e abrir um negócio próprio mais uma vez. Pretendia também escrever suas memórias contando tudo o que passou e ajudar a outros a não repetirem seus erros.

Rafael: musicalidade controversa

Rafael é natural de Vitória, do morro do bairro da Penha. Foi criado pela mãe e uma tia, junto com seus três irmãos. O pai não o assumiu, só o conhecendo após seus vinte anos. Não sentiu muita falta, pois teve a figura do padrasto para completar este vazio. Conseguiu concluir o ensino médio e era jogador de vôlei de praia, sagrando-se campeão estadual sub-15, 20 e 21. Chegou, inclusive, a ir ao Rio de Janeiro disputar um campeonato brasileiro.

Concomitantemente, se dedicava a um dom nato, que era o de compor letras de *raps* e interpretá-las desde os treze anos de idade. Já nesta idade, frequentava os bailes de sua própria comunidade e de outras vizinhas, sempre subindo aos palcos. Com extrema facilidade de composição, criava e gravava constantemente suas músicas. Aos poucos, a carreira de jogador de vôlei ia ficando em segundo plano.

Apesar da educação rígida que recebeu da família, aos dezesseis começou a se envolver com más companhias porque se sentia sufocado e passou a ser requisitado pelos traficantes do morro para compor músicas mais agressivas. Nesta época escreveu e gravou seu *rap* mais violento, chamado *Taca fogo na blazer*, o qual incitava o ataque contra as viaturas da polícia, se tornando uma espécie de hino do tráfico em todo o Espírito Santo. Ganhou fama e notoriedade nas comunidades, mas também a ira das forças de segurança, ainda mais por compor uma coletânea na mesma linha. Até então a polícia não podia prendê-lo porque os argumentos não eram fortes o suficiente para responder a algum processo mais grave.

Só que em 2009, Rafael entregou o pretexto que procuravam, segundo ele, por ter sido o receptor de um aparelho celular que acabara de ser assaltado por um amigo. Foi preso em flagrante e permaneceu durante cinco meses trancafiado. Sua versão é de que a vítima em nenhum momento o reconheceu como o autor do crime, mesmo assim, mantiveram-no em cárcere por assalto à mão armada.

A prisão causou grande tormenta em sua família. A mãe perdeu o emprego, pois não conseguia mais exercer a profissão, e todos tiveram que mudar para outro bairro, a fim de evitar que Rafael se envolvesse novamente com as amizades antigas. Ele permaneceu em liberdade provisória até dezembro de 2011, quando finalmente foi preso e indiciado por associação ao tráfico de drogas em uma grande operação, segundo ele, mesmo não sendo encontrada evidência alguma de tal ligação, a não ser suas composições agressivas. Apareceu em vários noticiários como o "rapper do tráfico".

Em seu julgamento, ocorreu um fato curioso: por não saberem que Rafael estava preso, ele foi julgado à revelia e condenado a sete anos e quatro meses em regime semiaberto pelo assalto do celular, sem ter tido a oportunidade de se defender. Pela associação ao tráfico, conseguiu um alvará de soltura. Para piorar, quando desta entrevista, ele permanecia preso em regime fechado na Penitenciária Semiaberta de Vila Velha 2 (*PSVV II)*, no complexo de Xurí, onde cumpriu um ano e três meses totalmente fechados.

No período de encarceramento continuou compondo suas músicas, agora sem qualquer ligação com a violência, e, sim, *raps* que falavam de esperança e da vida na cadeia. Seus planos para o futuro eram continuar com a carreira de músico e cursar uma faculdade de educação física. Tem consciência de que sua prisão foi justa até certo ponto e ainda vê motivos para agradecer, pois tem certeza de que perderia a vida se continuasse com as companhias do passado.

Possuía grande potencial artístico, afinal, além de exímio letrista, demonstrava excelente entonação. Garantiu que, dali em diante, sua arte seria destinada somente ao bem.

Bruno: a criminalidade que não escolhe classe social

A trajetória de Bruno é uma das mais surpreendentes desta jornada pelos estados. Sua história poderia até parecer com a de vários jovens de classe média que se envolvem com as drogas e até mesmo com o tráfico, não fosse pelas reviravoltas que tomou, começando a partir dos seus dez anos de idade.

Bruno sempre teve uma vida confortável no bairro de classe média alta Jardim Camburi, em Vitória. Caçula de dois filhos, estudou em escola particular. Por morar em frente à praia, desde cedo praticava esportes como surfe e futevôlei. Mais cedo ainda, teve seus primeiros contatos com a maconha. Sendo o mais novo da turma, com dez para onze anos, era o escolhido para buscar a droga em uma boca de fumo no bairro Jardim Carapina, município de Serra. Por coincidência, ao chegar à boca, encontrou um amigo que lhe fez um agrado, oferecendo uma quantidade dez vezes maior do que a que fora comprar. Retornou para a praia e revendeu o produto, iniciando assim, neste exato dia, suas atividades como traficante. Vendeu para os amigos uma parte e guardou o restante para negociar na matinê de uma boate que frequentava. O lucro foi imediato. Estava com uma boa quantia em mãos, suficiente para comprar a nova prancha que tanto queria, visto que seu pai havia negado o presente por não querer que o filho vivesse de surfe.

A partir daí, passou a frequentar a boca de fumo com mais frequência. Ganhara a simpatia dos traficantes, que o elogiavam por estar vendendo mais que seus vapores. Recebia vários agrados como recompensa. Vendia cerca de dois quilos por mês, até completar 15 anos de idade, quando chegou a traficar mais de 50 quilos, sendo apelidado de "patrão" pelos amigos de classe média. Para a família, justificava o aumento de renda a vários trabalhos que arrumava. Vendo seu espírito empreendedor, a mãe, que era empresária, montou uma estamparia para Bruno, o qual viu na oportunidade uma excelente forma de lavar o dinheiro recebido com o tráfico. Completou o ensino médio, ingressou na faculdade, fez estágio em Direito, mas nunca deixou de traficar. Viajava bastante devido ao surfe, quando aproveitava também para fazer "negócios".

À medida que alcançava um *status* cada vez maior, começa também a ser perseguido pela polícia, mas não era pego porque nunca estava perto das drogas. Havia elaborado uma estratégia para sempre se livrar de qualquer flagrante. A esta altura, seus pais já estavam desconfiados e começaram a pressioná-lo, chegando a ameaçá-lo com internação. Bruno não viu alternativa e, aos dezenove anos, decidiu sair de casa, retornando com frequência. Nessa idade, já vendia até uma tonelada de maconha por mês, segundo ele.

Na mesma época, começou o envolvimento com aquela que seria o grande amor de sua vida. Patrícia. Conheciam-se há tempos, através das amizades do surfe, e namoraram por quatro anos, chegando a morarem juntos. No início do relacionamento, ela somava apenas quatorze anos de idade. Patrícia sabia das atividades do namorado, porém não se envolvia. Estava focada em sua promissora carreira de modelo, valendo-se de extraordinária beleza.

Aos vinte anos, Bruno ingressou no ramo das drogas sintéticas. Agora estava entrando em outro patamar de tráfico. Começou quando conheceu um traficante, que se casara com uma amiga sua, e os dois formaram parceria nas atividades com o tráfico internacional, fazendo uma conexão Brasil-Holanda. Seus maiores consumidores eram os frequentadores das festas *raves*. Neste momento, a Polícia Federal já estava em sua cola. Sua estratégia era complexa e inteligente: comprava cocaína vinda do Peru, onde fazia um intercâmbio através de universitários, e daqui era enviada para a Holanda. De lá, recebia de volta em forma de droga sintética ao invés de dinheiro, pois a soma seria muito alta e levantaria suspeitas, já que cada grama valia 40 mil euros na época. Como as drogas sintéticas vendiam facilmente nas *raves*, o lucro era maior do que se tivesse vindo em espécie da Europa. Esta facilidade com que os sintéticos chegavam às suas mãos se dava ao fato de Bruno ter descoberto que o conteúdo da droga não era detectado pelos aparelhos de raios-x dos aeroportos, pois eles detectam apenas as cápsulas, mas não se o *LSD* viesse embalado em papéis. As encomendas chegavam via Correios e eram retiradas por menores de idade, pois caso fossem pegos no momento da receptação, os efeitos seriam atenuados.

Em 2007, chegou a hora da prestação de contas com a justiça. Foi quando pediu para um amigo ir ao aeroporto buscar uma encomenda de uma pessoa que vinha da Europa. Sem saber, o amigo estava levando uma grande quantidade de haxixe e uma pequena de *LSD*, quando foi abordado pela Polícia Federal, já em casa. Em seguida, os policiais foram até Bruno e retornaram à residência do amigo, onde toda a família já estava algemada. Ele ainda tentou inocentar o rapaz, que realmente não tinha culpa, mas não teve jeito. Os dois foram presos.

Durante os três anos e oito meses em que passou na penitenciária, só deixou de traficar nos quarenta dias iniciais na sede da Polícia Federal. Foi só dentro do cárcere que se deu conta de que havia se tornado um traficante de verdade. Antes, se considerava apenas um empresário. Começou a ter contato com os chamados "barra pesada" e iniciou guerras para tentar sobreviver no ramo. Continuava a importar drogas e revendê-las em festas, contando com vários "funcionários" do lado de fora. A facilidade era total. Dispunha de dinheiro suficiente para corromper o sistema e gerenciar suas atividades na mais perfeita tranquilidade de dentro de um presídio de segurança máxima.

Ocorre que o golpe mais doloroso que sentiu foi quando Patrícia resolveu terminar o relacionamento para focar em sua carreira de modelo fotográfica fora de Vitória. Por mais dura que tenha sido a notícia, Bruno concordou com a separação, pois desejava que seu grande amor fosse feliz, mesmo longe de si. Ela se mudou para o Rio de Janeiro e seguiu carreira internacional, mantendo ainda fortes ligações com a família do rapaz.

Em agosto de 2010, Bruno consegue liberdade condicional. No período do cárcere, ganhou tanto dinheiro que lhe permitiu comprar uma fazenda no Paraguai, onde pretendia montar suas próprias plantações de maconha e coca. Investiu pesado em uma megaestrutura. Seu objetivo era fazer um milhão e meio de reais por mês e parar de traficar depois de certo tempo.

Iniciou novo romance, desta vez com Diana. Eles se conheciam há tempos, mas nunca tiveram qualquer envolvimento porque o coração do rapaz pertencia a outra pessoa. Ela também é de classe média alta, formada em educação física. Para Bruno, era o álibi perfeito para que seus pais não desconfiassem que o filho continuava a traficar, já que namorava uma boa moça de família, estudiosa e trabalhadora. Diana sabia do envolvimento do namorado e pedia constantemente que ele largasse tudo aquilo, porém, Bruno dizia que só pretendia continuar por mais algum tempo porque havia contraído muitas dívidas para pagar os advogados nas defesas de diversas pessoas que trabalhavam para si, sem contar outras despesas. Mesmo assim, ela resolveu continuar no relacionamento por estar completamente apaixonada.

Em fevereiro de 2011, os preparativos para a fuga definitiva rumo ao Paraguai corriam a todo vapor. Em uma das idas e vindas ao país vizinho, Bruno foi interceptado novamente pela polícia. Mais uma vez, não encontraram drogas em seu poder, mesmo assim foi posto dentro da viatura de forma agressiva. Relata que foi exatamente neste momento que caiu em si. Teve uma conversa particular com Deus, prometendo que, se o livrasse de mais essa, abandonaria aquela vida de uma vez por todas porque viu a dor que causava às pessoas que o amavam, foi assim com seus pais, com Patrícia e agora com Diana.

As preces não surtiram efeito porque desta vez as drogas foram encontradas. Outro grupo de policiais prendeu a moça, que foi obrigada a dizer em qual casa os produtos estavam escondidos. Segundo Bruno, a namorada sabia do paradeiro da mercadoria, mas não ajudou a esconder. A polícia descobriu quinze quilos de maconha em uma das propriedades de Diana, que de imediato foi presa junto com o namorado e mais uma mulher, a qual seria uma espécie de "mula", que comprava a droga para outro traficante. Bruno assumiu toda a culpa, alegando que as moças eram apenas usuárias, o que não convenceu os agentes. Ele foi condenado a vinte e quatro anos de prisão, e Diana, a dez.

Em um primeiro momento, Bruno ficou preso na Casa de Custódia de Viana, onde pedia a Deus uma oportunidade de sair daquele lugar e ir para outro onde pudesse se ocupar, uma vez que ali a situação estava muito difícil. Dois dias depois, seu pedido foi atendido e ele foi transferido para a Penitenciária Estadual de Vila Velha II (*PEVV 2)*, no complexo de Xurí, onde deu um novo sentido à sua vida. Diana, por sua vez, cumpria pena no presídio feminino. O relacionamento dos dois foi esfriando, sendo mantido através de cartas, onde ela demonstrava toda a sua mágoa para com o namorado. Ele então resolve liberá-la para seguir seu caminho, ainda mais pela pressão que a família da moça impusera contra o romance.

No *PEVV 2*, Bruno começou a trabalhar em serviços gerais. Foi então que um estagiário da penitenciária o aconselhou a montar um grupo de artesanato, pois sabia que ele possuía um dom especial para as artes plásticas. O rapaz ficou meio receoso porque na função em que estava exercendo, tinha certa regalia de passar a maior parte do tempo fora da cela e temia perder esse privilégio. No entanto, o estagiário o convenceu de que valia mais a pena fazer algo que gostava. Bruno refletiu sobre o assunto e tomou sua decisão quando leu em uma revista de surfe uma frase que dizia *trabalhe no que goste e não precisarás trabalhar*, levando a frase como o lema de sua vida dentro do cárcere. Iniciou-se então suas tarefas artesanais, a princípio como terapia ocupacional, adquirindo cada vez mais confiança por parte da direção da unidade. Sua habilidade com o pincel foi impressionante, o que levou seu trabalho a começar a ser reconhecido. Suas pinturas estampavam belas imagens em algumas pilastras dentro e fora da penitenciária, além de uma espetacular representação na sala da direção.

Ao se animar com a repercussão que sua arte estava trazendo, decidiu convidar outros detentos que faziam artesanato com sabão para formar uma equipe. Daí surgiu o *Grupo de Artesanato Eu Faço Arte*. Conseguiram um espaço dentro da unidade e, com apoio da direção, obtiveram os materiais necessários para montarem trabalhos com argila, pintura, desenho, *decoupage* com madeira, *biscuit* etc. Para a equipe, foram convocados detentos que já tinham alguma familiaridade com o artesanato e também leigos, mas que demonstravam interesse em aprender. Sendo assim, Bruno passou a ser o líder e instrutor do grupo, o qual criava trabalhos fantásticos que iam desde bolsas e chapéus de tricô a barcos e casas criadas incrivelmente por palitos de picolés.

Cada um era responsável por uma modalidade. Ao líder, cabia a criação de belos quadros, onde retratava, em geral, paisagens e atividades ligadas ao surfe, sua eterna paixão. Na época, já contava com cerca de trinta telas criadas dentro da penitenciária. Era craque também em retratos, desenhando perfeitamente os traços de quem quer que seja, o que lhe faz receber diversas encomendas de pessoas que desejam ser retratadas. O dinheiro que recebiam era todo revertido em materiais. Possui uma aptidão nata para a recriação, talento descoberto somente dentro do cárcere. De terapia ocupacional, o projeto passou a ser considerado como oficina de artes, o que ajudava na remissão das penas de todos. Elaborou um projeto de criação de uma estamparia dentro do presídio, buscando parcerias com empresas do ramo. Até aquele momento apareceram alguns interessados em bancar o projeto.

Para Bruno, a previsão de regime semiaberto era somente para o final de 2016, e o artista aguardava a chegada deste momento para trabalhar com artes quando estivesse fora dos muros da prisão. O fato de ter sido réu confesso também o ajudaria bastante na progressão de regime. Também planejava cursar uma graduação em artes visuais.

Contudo, seu maior plano era o de um dia reconquistar o amor de Patrícia. Seus olhos brilham ao falar da modelo. Tentava não nutrir vãs esperanças, afinal, não sabia como seria o amanhã. Em seu íntimo, cultiva a certeza de que a moça ainda nutria muito afeto para consigo. Relata que ela se emocionou ao ver os trabalhos artísticos do ex-companheiro, a paixão que o inspirava em suas criações.

São estes projetos que alimentam a mente e o coração desse ex-traficante, que precisou passar pelo sistema carcerário para se reencontrar consigo e descobrir seus verdadeiros amores. Para ele, a arte salva vidas e devolve a humanidade para quem já se julgava não pertencer mais à categoria de ser humano.

5.2 Rio de Janeiro

Período de entrevistas: de 05 a 23 de novembro de 2020.

Em terras fluminenses foi onde tudo começou e onde também termina nossa jornada pelos estados nesta primeira temporada. No ano de 2008 iniciava no Rio de Janeiro o primeiro mutirão carcerário promovido pelo *CNJ*, o qual serviu de experimento para todas as demais unidades da federação, cumprindo a necessária aproximação de todos os órgãos responsáveis pelo sistema carcerário.

A coordenação dos trabalhos ficou a cargo de juízes *CNJ* em parceria com outros locais, como Rafael Estrela Nóbrega, da vara de execuções penais do estado. Este lembra que a iniciativa foi desgastante, porém desafiadora por iniciar uma nova era no sistema prisional brasileiro, quando transpuseram pilhas de documentos para dentro das unidades e, de lá, um time de juízes, procuradores, defensores e demais servidores passaram dias debruçados em centenas de processos, numa ação jamais vista anteriormente no país. No mutirão experimental de 2008, foram concedidos um total de 641 benefícios, entre visitas periódicas ao lar, trabalhos extramuros, progressões para os regimes aberto ou semiaberto, livramentos condicional, indultos e alvarás por cumprimento de pena. No ano seguinte, em 2009, foram realizados mais três mutirões em todo o estado, concedendo um total de 4.661 benefícios. A complexidade histórica da criminalidade no estado foi determinante para que o projeto se iniciasse ali, uma vez que se obtivesse êxito, poderia ser empregado em qualquer outro lugar.

No Rio, a criminalidade sempre foi a vitrine do país, atraindo muita curiosidade e até um certo *glamour* negativo. Essa fama não foi conquistada à toa, afinal, são poucos os lugares no mundo em que territórios são controlados e repartidos por ao menos três facções criminosas, acrescido de mais uma que vem crescendo de forma descontrolada, as chamadas milícias. A divisão também se reflete nos presídios, onde são necessárias alas ou até unidades inteiras destinadas a participantes de cada grupo criminoso. O novato que chega e não pertence a nenhum é colocado na unidade da facção correspondente à localidade em que reside, com isso aquele grupo acaba ganhando mais um adepto, graças à "ajuda" do Estado.

Durante anos, o Rio de Janeiro foi celeiro de "celebridades" do crime, principalmente, os grandes chefes das facções. Com o passar dos tempos, o estado não foi capaz de controlar essas lideranças, até que surgiu a opção de transferência para os presídios federais. Contudo, o juiz Rafael Estrela, hoje (data das entrevistas) titular da *VEP*, chama a atenção para esta questão que deveria ser temporária, mas que atualmente tem sido permanente, sem qualquer reavaliação de cada caso. Com isso, esta forma de regime muito mais rigorosa imposta nos presídios federais tem causados sérios danos psicológicos em quem é submetido por longos períodos, sendo razão, inclusive, de suicídios. Estrela afirma que atualmente as unidades de segurança máxima do estado têm total capacidade de abrigar as lideranças. Ele defende também as parcerias público-privadas no sistema carcerário, pois em sua visão, o estado sozinho é incapaz de gerir.

O narcotráfico é a maior causa de detenção em todo o país. Isso não afeta apenas a pessoa envolvida, em sua grande maioria homens, mas também acarreta consequências para a família, sobretudo às esposas ou companheiras, que são arrastadas para a criminalidade por influência do cônjuge. Para ilustrar essa dura realidade, infelizmente muito comum, falaremos do seguinte caso:

Beatriz: dramas familiares que levam a tragédias sociais

Bia, como é conhecida, é natural do município de Duque de Caxias, mais especificamente no bairro de Santa Cruz da Serra. Foi criada pela mãe junto com outras três irmãs. Teve ainda dois irmãos, um falecido com apenas meses de vida e outro que morreu com doze anos de idade, ao cair de uma árvore. O pai morava na mesma casa, mas não contribuía com o sustento. Se fosse apenas este o problema, seria ótimo, porém o sujeito contribuiu irreversivelmente no psicológico das quatro filhas para o resto da vida: era pedófilo e abusador.

Beatriz revela que o pai tentou abusar das quatro filhas em diversas ocasiões, no entanto só obteve sucesso com a mais velha, dentro da própria casa, quando a jovem contava com dezesseis anos de idade. As filhas tentavam alertar a mãe, que não levava a sério as denúncias, fazendo com que as meninas não insistissem, temendo as represálias do pai. Bia conseguiu escapar da mais agressiva investida quando estava com doze anos, em determinado dia em que o genitor foi com ela numa entrega de roupas que a mãe lavava para fora. Chegando ao local, numa espécie de depósito, o homem ordenou que retirasse a roupa, senão seria trancada ali mesmo. Ela conseguiu escapar por entre as pernas do abusador e fugiu desesperadamente. Correu para a casa de uma tia, onde relatou o ocorrido, porém foi desacreditada.

Não obstante, naquela mesma noite, a menina teve pesadelos e começou a gritar, ainda dormindo, ordenando que o pai parasse. Só assim a mãe deu ouvidos, pois ficou ao seu lado escutando tudo o que dizia. Ainda assim, ao levar aos familiares o que havia acontecido com a filha, foi desaconselhada a denunciar para evitar escândalos e a prisão "desnecessária" do próprio marido. Se não bastasse, culparam as meninas por "comportamentos inadequados" perante os homens. Era início dos anos 1980.

Sem alternativa, cada uma se virou como pôde, guardando consigo enorme revolta pelas agressões e injustiças sofridas. Todas abandonaram a escola, e Beatriz saiu de casa ao se envolver com um rapaz, engravidando aos dezessete anos. Foi morar com o namorado, também muito jovem, em outro bairro de Duque de Caxias. O filho nasceu e, quando tinha apenas cinco meses de vida, Bia encontrou o próprio companheiro morto na rua, baleado não se sabia por quem. Até hoje desconhecem o motivo, ainda mais pelo fato de o rapaz ser trabalhador, o que ao menos garantiu à jovem e à criança uma pensão.

Depois da tragédia, Beatriz resolve se mudar de Caxias e parte em direção à Jacarepaguá, na zona oeste da cidade do Rio. Além da pensão recebida, também trabalhava para ajudar nas despesas. Nessa época, conheceu outro rapaz, com quem logo foi morar junto, e teve sua segunda gestação, agora de uma menina. Mas a sina de Bia se repetiria quando o novo companheiro também foi assassinado, todavia, deste era sabido o motivo, já que o rapaz praticava roubos na região e foi executado por milicianos locais.

Tempos depois, a moça continuava trabalhando para sustentar as duas crianças quando conheceu, em uma obra, o seu terceiro companheiro chamado Moacir. Essa paixão foi a mais avassaladora, o que a impedia de enxergar melhor o temperamento e a índole do sujeito, ignorando até mesmo as agressões verbais recebidas. Em um dos muitos desentendimentos domésticos, a polícia foi chamada e neste momento veio a descoberta de que Moacir, na verdade se chamava Ademir, foragido da justiça catarinense há dez anos por latrocínio de um policial militar. Era assaltante de ônibus e, em uma das ações, alvejou a vítima, tendo que fugir daquele estado para não ser assassinado.

Mesmo com a descoberta, Beatriz se mantinha apaixonada e o visitava frequentemente, inclusive, tendo engravidado da filha mais nova durante as visitas íntimas. Ademir, aproveitando da fragilidade da moça, persuadiu-a para que transportasse drogas para o presídio, pois precisava se manter dentro dos muros. De tanto insistir, ela acabou aceitando e de imediato foi apresentada às esposas dos traficantes, que lhe ministraram um "curso" de como fazer o transporte das drogas durante as visitas. As mulheres entregavam as mercadorias já na porta da unidade, então Bia as escondia em suas partes íntimas e adentrava sem maiores problemas, até porque o esquema já era tratado com alguns agentes penitenciários e policiais, que por vezes a retiravam da fila e faziam-na entrar na frente dos outros. Ajudava também o fato da gravidez, pois os meses de maior atividade aconteceram durante a gestação, o que a desobrigava de revistas mais rigorosas. Confessa que sentiu receio nas primeiras vezes, sentindo-se forçada, mas depois, ao ver a facilidade e a quantidade de dinheiro recebida, que não ganharia em meses de trabalho, viciou-se e tomou gosto, ainda mais que a essas alturas já traficava não só para o marido, como também para os chefes do *Comando Vermelho*, dos quais adquiriu total confiança e respeito.

Essa atividade durou menos de um ano. Ao nascer da filha, Beatriz decidiu que chegou o momento de dar uma pausa. Ademir não queria que ela parasse e exigiu também que os dois pudessem se casar oficialmente, uma vez que por lei, o detento que celebra casamento ainda preso, tem a redução de um ano da pena. Bia se recusa porque não queria perder a pensão recebida do primeiro marido. Ademir não aceita a decisão e decide tramar contra a própria companheira.

Em uma última visita, ele implora que ela faça a entrega somente mais uma vez, alegando precisar muito do dinheiro para se livrar de dívidas sérias que contraiu. Por amá-lo demais, decidiu atender ao pedido derradeiro, não sabendo que já estava tudo tramado com a polícia. Ao marcar de receber a encomenda das mãos de outra companheira de detento, os policiais já aguardavam e as duas foram presas em flagrante. Beatriz estava com a bebê, de apenas um mês de vida, em seus braços no momento da prisão. De lá, foram levadas para uma delegacia, até serem transferidas em definitivo para a penitenciária Talavera Bruce, no complexo de Gericinó, antigo Bangu, enquanto a bebê foi levada para um abrigo. Mais tarde, as duas se uniram novamente na creche da unidade, onde permaneceram juntas até a criança completar cinco meses. Tempos depois, teve a notícia de que Ademir havia conseguido sair em livramento condicional, mas foi executado a mando das lideranças do *Comando Vermelho*, afinal, além de ter prejudicado os negócios da facção, havia cometido um tipo de traição abominável, ainda mais por tratar-se da própria companheira, mãe de sua filha.

A separação da criança foi um dos momentos mais dolorosos de sua vida. Afirma que sentiu como se tivessem arrancado um pedaço seu. A menina então foi levada para a criação pela avó, mesmo com o receio da presença do avô pedófilo, que ainda vivia na mesma casa, apesar de divorciados. A decisão foi tomada porque era o caminho mais fácil, uma vez que se alguma das irmãs quisessem adotar teria que passar por todo o procedimento burocrático de adoção comum no Brasil.

Após o afastamento da filha, Beatriz finalmente teve que enfrentar o sistema carcerário verdadeiro, porque a vivência na creche era até certo ponto agradável. Foi condenada a oito anos em regime fechado e levada para o *cadeião*, sendo nesse momento que percebeu que realmente estava presa. Todavia, desde o primeiro dia, começou a trabalhar com o único objetivo de poder sair dali e cuidar dos três filhos. Os dois mais velhos ficaram com as irmãs, nessa época, o menino contava com dezoito anos e a menina com dezesseis.

A grande virada em sua vida aconteceu quando faltavam apenas dois anos para o cumprimento da pena. Beatriz foi selecionada a participar do projeto *Replantando Vida*, ministrado pela *Cedae* (Companhia de águas e esgoto do Estado do Rio de Janeiro). Este projeto está entre os maiores do Brasil na inserção de presos no mercado de trabalho. São beneficiadas cerca de 1.000 pessoas em todo o estado, oriundos dos sistemas aberto e semiaberto, em diversas tarefas, tais como operação de sistemas de abastecimento de água, setores administrativos, serviços gerais, produção de uniformes e recuperação ambiental dos mananciais hídricos. Todo preso recebe um salário-mínimo nacional e auxílio para condução e alimentação como qualquer trabalhador, o que garante ao cidadão ou cidadã mais dignidade para poder sustentar sua família e deixar a vida do crime para trás. Resultado disso é que a taxa de reincidência na criminalidade é de apenas três para cada dez participantes do projeto. Por incrível que pareça, é preciso travar uma batalha constante porque há muitos contrários ao pagamento de salário para os apenados, julgando que seria mais "justo" obrigá-los a trabalhos forçados, lembrando períodos medievais ou países comandados por ditaduras brutais.

A iniciativa já tem mais de vinte anos e foi idealizada e é coordenada pelo funcionário de carreira Alcione Duarte. Foi o próprio que durante uma das diversas seleções realizadas nos presídios recrutou Beatriz, a qual, desde então, trabalha nas dependências da *Estação de Tratamento do Guandu*, no município de Nova Iguaçu, divisa com Seropédica. Já são nove anos nas funções de serviços gerais, e ela só tem a agradecer a oportunidade recebida, pois sabe que não seria fácil conseguir qualquer ocupação devido sua condição de ex-presidiária e pela idade de cinquenta e um anos na data desta entrevista.

Bia já estava com sua pena cumprida e vivia em um bairro próximo ao trabalho com sua filha do meio. A mais nova, então com doze anos, permanecia sob os cuidados da avó. A relação infelizmente foi prejudicada pelos anos de distância. Alega que apesar de ter deixado a vida do crime sem dever nada a ninguém, opta por não sair muito por ainda ter certo receio. Atribui grande parte de seu infortúnio à infância desestruturada devido aos abusos do pai, mas procura seguir em frente. Seus planos para o futuro são a finalização de um restaurante próprio de comida popular e continuar reescrevendo uma nova história.

Sebastião: das mãos ceifadoras de vidas ao replantio da vitalidade

Mais um que foi beneficiado pelo projeto *Replantando Vida*, no qual hoje é uma referência. Entretanto, antes de chegar a este *status*, Sebastião (ou apenas Tião, como é mais conhecido), percorreu um longo caminho de ressocialização.

Alagoano do município de Atalaia, migrou para o Rio de Janeiro com apenas seis anos de idade, junto com os pais e mais sete irmãos, estabelecendo-se no bairro Palhada em Nova Iguaçu. A mãe não mudou definitivamente, voltando a Alagoas a cada quinze dias para trabalhar como doméstica, fazendo com que Sebastião e seus irmãos fossem criados na maior parte do tempo sozinhos, com os mais velhos cuidando dos mais novos, uma vez que o pai também trabalhava em demasia. A rotina de idas e vindas da genitora só terminou quando o garoto já somava quinze anos de idade. Aos dezoito, ele começou a trabalhar em pequenos biscates, até conseguir um emprego numa fábrica de massas e biscoitos, onde permaneceu durante dez anos, começando desde os serviços gerais até se profissionalizar em eletromecânica.

Sebastião sempre foi trabalhador, contudo, de temperamento forte. Alega que nunca tolerou injustiças e odiava bandidos. Sabendo desta característica de sua personalidade, certos indivíduos da localidade onde morava começaram a tentar aliciá-lo para que fizesse parte do grupo de "justiceiros" local. Tião recusava, alegando que por ora não era de seu interesse porque não havia motivo ainda para ingressar nesta vida. Porém, certo dia, o pretexto que faltava aconteceu. Ao deixar sua namorada em casa, já de noite, seguia por uma rua deserta quando foi assaltado por dois homens em uma moto. Dentre outros pertences, levaram um relógio de muita estima. Logo no dia seguinte, ao conversar com um dos aliciadores que vinha tentando cooptá-lo, o homem nota que Sebastião estava sem o relógio, o obrigando a contar o que havia acontecido. Foi então que finalmente foi convencido a entrar no grupo de extermínio para fazer justiça, segundo a visão deles, contra assaltantes que aterrorizavam a cercania.

De início, foram executados alguns, o que tornou o local de certa maneira mais seguro, inibindo a ação de outros criminosos. Mas o julgamento paralelo não se restringia somente a assaltantes. Viciados também eram vítimas, contudo, a ira maior era destinada aos estupradores e abusadores. A primeira execução foi de um homem acusado de ter estuprado a própria enteada de apenas doze anos de idade, levando ao suicídio da jovem seis meses depois. Após este crime, Sebastião passou a seguir os passos de um tio e sobrinho, suspeitos de serem abusadores. Segundo relatos, a dupla, sob efeitos de drogas e álcool, abusava de mulheres do bairro, simulando falsas revistas por se dizerem da segurança local. Como andavam armados, ameaçavam as vítimas, por vezes até acompanhadas de seus namorados ou maridos.

Sebastião e seu grupo passaram então a monitorar os passos dos supostos abusadores e o primeiro a ser executado foi o tio. A partir daí, o sobrinho jurou Tião de morte, afinal, sabia que seria a próxima vítima e também desejava vingança. Passa então a ser uma briga de gato e rato, com ambos esperando a ocasião do acerto de contas. Certo dia, após passar horas bebendo num bar, o homem embarca num ônibus na companhia de um amigo. Era a oportunidade que Sebastião estava aguardando há semanas.

Chama um comparsa e os dois vão de carro em perseguição ao coletivo. Em determinado ponto da estrada, o comparsa fecha o ônibus, então Sebastião entra pela porta de trás, indo diretamente ao desafeto, disparando diversas vezes contra o suposto abusador. Mais ninguém é atingido, nem mesmo o amigo da vítima, que estava ao seu lado. Depois, Tião desce do ônibus e parte como se nada tivesse acontecido, mesmo com toda a ação ocorrendo em plena luz do dia e presenciado por dezenas de pessoas.

Entretanto, esta ação chamou muita atenção, saindo até notícias na imprensa. Era final de 1997. A partir daí, começam a se intensificar as investigações sobre Sebastião e todos os outros chefes de grupo de extermínio da região. Mesmo durante a vida de crimes, Tião não parou de trabalhar. Mantinha-se na fábrica exercendo suas atividades normalmente sem que ninguém desconfiasse, o que era bem diferente no bairro da Palhada, onde todos sabiam de seus atos, mesmo assim, é muito respeitado e temido. Em janeiro de 1999, o cerco havia se fechado de vez após ser delatado por um iniciante membro do grupo, o qual durante uma abordagem policial truculenta, confirma Sebastião como o autor dos assassinatos do tio e do sobrinho abusadores. Nesta época, Tião estava de licença na fábrica e, sabendo que o comparsa havia sido pego, resolve se esconder na casa de uma amiga em outro bairro. A tentativa foi em vão, uma vez que o jovem havia contado também sobre este possível esconderijo. A polícia cercou o imóvel e o levaram imediatamente para a carceragem de uma delegacia até o julgamento.

Sebastião foi condenado a 49 anos de prisão por crimes hediondos nos três homicídios. No início, sentia muita revolta por se julgar injustiçado, uma vez que, em sua visão, fazia o bem para a sociedade. Frequentou, a partir de então, várias unidades prisionais, começando pelo presídio Ary Franco, no bairro de Água Santa da capital, passando pela penitenciária Alfredo Tranjan, conhecida como Bangu 2, até se estabelecer na Colônia Agrícola, no município de Magé. Em suas passagens por cada uma destas unidades, Tião alega que foi preciso ter muito cuidado com as palavras para que sua vida não corresse riscos. Quando lhe perguntavam sobre seus crimes, não escondia que assassinou três estupradores, mas em hipótese alguma, poderia ser classificado ou relacionado como miliciano. Segundo ele, a distinção entre pertencer às quadrilhas paramilitares atuais e os grupos de extermínio clássicos é que no primeiro visa-se o lucro e a conquista de territórios, enquanto no seu caso, a atuação era destinada ao desejo de justiça e segurança para sua localidade. Com isso, não chegou a ter problemas maiores por onde passou, mesmo assim, era alocado em alas ou unidades ligadas à facção *Terceiro Comando* por esta ser mais flexível nas relações com milicianos e similares.

Sebastião, assim como muitos nesta atividade, não se enxerga como bandido, mesmo reconhecendo que tenha cometido crimes e que, até certo ponto, deve pagar por eles. Apesar de não visar ao lucro, obteve muito respeito e temor das pessoas, o que trouxe certos favorecimentos. Eram frequentes as abordagens de pessoas solicitando os seus serviços para se livrar de algum problema, até mesmo desavenças pessoais banais, como briga de vizinhos por som alto. Ele afirma que jamais exterminava qualquer indivíduo sem uma rigorosa apuração dos fatos para confrontar se a verdade condizia com a denúncia.

Na Colônia Agrícola de Magé foi quando a revolta começou a cessar e onde sua vida mudaria, no ano de 2009, com o ingresso no projeto *Replantando Vida*. Conheceu uma atividade até então inimaginável, o da preservação ambiental. A iniciativa tem por finalidade a recuperação e a conservação dos mananciais, em especial dos rios Guandu e Macacu, os quais são responsáveis pelo abastecimento de água potável de quase toda a região metropolitana do Rio de Janeiro e contam com a mão de obra de centenas de apenados. Eles semeiam e cultivam os sete viveiros existentes até o presente momento desta entrevista, em diversas regiões fluminenses, e são plantadas cerca de 1 milhão e 700 mil árvores por ano, com o cultivo de mais de 150 espécies. Sebastião foi um dos que iniciaram o reflorestamento do leito do Rio Macacu, no município de Cachoeiras de Macacu, onde, na época, estava completamente desmatado por atividades de fazendeiros e grileiros locais. Foi feita a recuperação total das margens, apesar dos boicotes arquitetados pela elite rural.

Nesta época, Sebastião recebeu os primeiros benefícios de saídas periódicas ao lar, até que em 2013 avançou ao regime aberto, retornando então para o bairro da Palhada, onde vive com a esposa e os filhos. Cumpre sua jornada de trabalho na central de abastecimento em Nova Iguaçu, onde hoje é um dos mais respeitados do projeto, tornando-se monitor e especialista nas técnicas agrícolas. Através do novo olhar com o qual passou a enxergar o mundo, aconselha os mais jovens a pensarem no futuro e aproveitar a segunda chance que foi oferecida. Sua pena só terá sido totalmente paga em 2028. Até lá, terá que conviver com a companhia incômoda da tornozeleira eletrônica. Reclama que não tem a liberdade de frequentar praias ou qualquer outro ambiente em que suas pernas fiquem expostas, porque de imediato é discriminado como se tivesse acometido por alguma doença contagiosa. Após cumprir tudo o que deve, Sebastião pretende seguir na área ambiental, mas se pergunta se terá oportunidade nesta ou em qualquer outra quando sair do projeto.

Sete anos depois, ele, junto com parte do grupo, retornou ao Rio Macacu, e todos se emocionaram ao ver que aquelas sementes que cuidaram e plantaram com tanta dedicação agora eram árvores imensas. Toda a terra arrasada que encontraram estava coberta de um verde exuberante, trazendo de volta a vida animal. É assim que Sebastião e muitos outros se sentem quando chegam, devastados, mas quando encontram alguém disposto a cultivar e a plantar uma semente, esta germina e rende muitos frutos para a sociedade. Todavia, se não for regada com atenção, pode morrer.

Em um momento tão delicado em que as discussões sobre a preservação ambiental e a ressocialização de egressos são tratadas como assuntos secundários, exemplos como este provam o contrário. Ambos replantam vidas em prol da sociedade.

Renato: o falso *glamour* da criminalidade

Renato é a personificação característica do jovem que é seduzido pela fama, a riqueza e o poder obtidos através do narcotráfico nas regiões periféricas do Rio de Janeiro. Ele é nascido e criado na região de Niterói e São Gonçalo, onde fora educado apenas pela mãe e a irmã um pouco mais velha. Pelo fato de a genitora passar muito tempo fora devido ao trabalho como arrumadeira de motel, principalmente à noite, os irmãos foram se virando quase que à própria sorte, de tal maneira que, aos doze anos de idade, Renato experimentou seu primeiro cigarro e, aos quinze, a maconha, abandonando também a escola na antiga sexta série.

Devido à constância com que passou a frequentar a comunidade da Coruja, em São Gonçalo, a fim de comprar drogas, se tornou muito conhecido no local e, quando percebeu, já estava traficando. Começou como olheiro, recebendo cerca de trinta a quarenta reais por noite. Inesperadamente, em menos de um ano depois, contrariando a tendência natural, o rapaz resolve abandonar o tráfico. O motivo foi ter conhecido uma menina, mais jovem que ele, a quem considera até hoje como segunda irmã. A mãe da moça resolveu quase que o adotar e, juntas, levaram-no para vender *hot dogs* numa barraquinha na praia de Icaraí, em Niterói.

Estava numa vida maravilhosa, como ele mesmo define, até os dezenove anos, época em que conheceu uma mulher mais velha, a qual viria a se tornar mãe de seu primeiro filho. Abandonou então a barraquinha de *hot dog* e foi ajudar a companheira no comércio que ela já possuía, além de um veículo com placa de táxi, com o qual Renato passou a trabalhar após conseguir sua habilitação.

A vida de taxista o levou a transportar o mais variado tipo de pessoas, mas chamou a atenção de antigos companheiros seus da época do tráfico, que o abordaram e propuseram que fosse transportador de mercadorias, ou seja, uma espécie de mula. Sem muita opção, acabou aceitando e começou a carregar maconha e cocaína de favelas da região de Niterói e São Gonçalo para o Rio, mais precisamente, nos complexos da Maré e do Alemão, e vice-versa. Chegava a levar cerca de oitenta quilos por noite. Passou também a transportar armas e munições, gozando de total tranquilidade por se tratar de um táxi, o que chamava pouca atenção da polícia. Às vezes, levava uma mulher para simular que fosse passageira. Era frequente carregar de dez a quinze fuzis sem correr qualquer risco. A confiança dos grandes chefes do *Comando Vermelho* para consigo aumentava cada vez mais, tanto que depositavam em suas mãos altas quantias para as transações entre as comunidades.

A companheira não sabia das atividades ilícitas de Renato, mesmo com ele chegando com valores em média de dois a três mil reais com poucas horas rodadas. Só despertou a atenção quando o deslumbre tomou conta do rapaz, que retornava para casa frequentemente exaltado ora pela cocaína, consumida em larga escala, ora pela bebida. Também eram constantes as noitadas com mulheres, prostitutas ou não, o que levou a companheira a decidir pelo término do relacionamento e o confisco do táxi. Renato voltou então a morar na casa da irmã e mãe de consideração, estas que financiaram um novo veículo para que ele voltasse a trabalhar como taxista. O que elas não sabiam é que Renato retornara às suas atividades criminosas, novamente escondendo a verdade das pessoas que o ajudavam.

Em determinado momento, não foi mais preciso continuar com tais atividades de mula, uma vez que o chefe do tráfico de várias comunidades da região lhe ofereceu uma "promoção", o alçando a seu braço direito. Agora Renato estava no auge. Comandava quatro bocas de fumo na região oceânica de Niterói, com muito dinheiro no bolso, respeito e mulheres ao redor. Porém, o ônus da fama é que começou a ser observado de perto pela polícia, sobretudo, pelos chamados "mineiros", os quais farejam sempre que uma boa oportunidade de ganho fácil aparece. Ao passo que começaram as extorsões, cessou a livre circulação. Nessa época, conheceu a mãe do segundo filho, com quem está junto até hoje, e resolveram morar afastado das comunidades que comandava, indo parar no município de Maricá, porque estava insustentável a extorsão semanal. Não adiantou muito e tiveram que voltar tempos depois a Niterói, para o bairro Engenho do Mato. Moravam num confortável imóvel, em uma rua onde a maioria dos moradores eram pessoas de classe média, alguns até policiais, vivendo acima de qualquer suspeita dos vizinhos. Só que o disfarce não funcionou, pois mal sabia ele que já estava sendo investigado há três meses, e os policiais civis sabiam de toda sua rotina.

No dia de sua prisão, o que ocorreu numa tarde de quinta-feira em dezembro de 2017, os policiais já estavam na espreita pelas extremidades da rua. Renato descansava em casa, pois havia retornado de uma guerra de tráfico numa comunidade inimiga na madrugada anterior. Notou que algo estava errado quando perdeu o sinal do seu celular, então saiu a fim de verificar o que poderia estar ocorrendo. Foi então que os agentes o interceptaram e foram com ele para dentro do imóvel. Diziam que tinham ciência de quem ele era e pediram que mostrasse as armas e drogas que estivessem em seu poder. Renato não costumava contar com armamento pesado em casa, apenas munia-se de uma pistola, a qual, por sorte, havia deixado no morro exatamente naquele dia após a invasão à comunidade hostil. Ele relata que os policiais não foram agressivos, ao contrário, até cordiais, alegando que se fossem *PMs*, a conversa seria outra. Segundo Renato, tal cordialidade foi para que em seguida pedissem a quantia de cem mil reais para liberá-lo. Como não dispunha do montante naquele momento, não restou alternativa a não ser levá-lo para a carceragem da delegacia do bairro do Fonseca, contudo, sem apresentar qualquer prova. Foi então que, segundo ele, apareceu na hora uma evidência forjada de trinta gramas de cocaína e apenas um pente da pistola que deixara no morro. Isto foi o suficiente para a condenação de cinco anos pelo entorpecente e dez meses pela posse ilegal de arma.

Antes da prisão, Renato já tinha caído numa escuta quando estava em um dos morros que gerenciava. Ocorreu quando recebeu uma ligação de uma menina com quem havia se envolvido. Ele alega que sempre foi muito precavido e pouco utilizava o telefone, mas nesse dia, devido à insistência da moça, acabou atendendo a ligação enquanto manuseava a cocaína e o *crack*, pois além de gerente, era o químico das comunidades. Irritado, disse durante a chamada que *estava ocupado traçando três quilos de pó*. Foi o bastante para que fosse indiciado por associação ao tráfico. Por este processo, ainda aguardava sentença.

Depois de passar por algumas unidades, permaneceu por mais tempo na penitenciária Gabriel Ferreira Castilho, Bangu 3. Em sua visão, ao entrar na prisão, o indivíduo tem duas opções de aprendizagem: ser um grande traficante ou se tornar uma pessoa regenerada. Felizmente, Renato optou de imediato pela segunda opção. Apesar de ter certo nome e importância dentro da facção, sua decisão foi aceita e apoiada pelas lideranças, fazendo com que ele refute o senso comum propagado de que uma vez na vida do crime não seja possível sair. Segundo Renato, esta máxima só cabe àqueles que devem algo à facção, o que não era o seu caso, ao contrário, havia deixado muito dinheiro a receber, mas decidiu que não queria mais um centavo. A decisão de abandonar tudo muito se deve ao fato de ter conhecido um preso famoso no complexo de Gericinó, chamado Livaldo José da Silva, o Coroa, ex-chefe do tráfico em comunidades de Nova Friburgo na região serrana do estado. Através de Livaldo, Renato conheceu o projeto *Lutando Por Vidas*, que mudou a sua completamente.

É importante destacar a relevância e os benefícios que este projeto trouxe para a vida de Renato e de outros apenados. Fundado em 2003 no bairro de Campo Grande, zona oeste da capital, pelo ex-lutador e campeão brasileiro de *kickboxing*, Jorge Turco, o *Instituto Brasileiro Lutando Por Vidas* (*LPV*) atua em diversas áreas de assistência social, como ensino de artes marciais em comunidades carentes, ações de cidadania, cursos e oficinas profissionalizantes, além de promover campeonatos de futebol entre os agentes de segurança pública e a promoção da *Taça dos Presídios*, onde os presos de várias unidades do complexo de Gericinó disputam entre si o título de melhor equipe. Jorge Turco sonha, em um futuro próximo, realizar um torneio juntando os dois campeonatos, colocando no mesmo campo os apenados e os agentes.

Sua ligação com o sistema prisional aconteceu quando um membro do instituto foi preso por roubo e, com isso, houve a possibilidade de levar o projeto de lutas para dentro das unidades. Tempos depois, Jorge Turco conheceu Livaldo e ficou impressionado com aquele chefe do tráfico, já de uma certa idade, que trazia consigo extrema sensibilidade artesanal para a criação de barcos, carros e edificações. Iniciou-se então o projeto *Arte em Liberdade*, no qual o conhecimento de Livaldo é repassado para outros detentos que, ao sair, contam com apoio para indicações profissionais, tudo amparado pelo *LPV* em parceria com o próprio Tribunal de Justiça. Renato foi um destes discípulos do *Arte em Liberdade*. Aprendeu e tomou gosto pelas criações artesanais, e seus trabalhos, assim como de outros detentos, já foram expostos nos corredores dos tribunais. Muitos magistrados foram presenteados com quadros, barcos, carros e outras criações. Sente muito orgulho, em especial, de uma maquete de três andares, toda iluminada, feita apenas com palitos de picolés, papel higiênico, cola e água, simulando a sede do *LPV*, com direito a ringue de *kickboxing* com lutadores e plateia em volta.

Em março de 2020, Renato consegue sua liberdade provisória após dois anos e três meses em regime fechado. A decisão veio do juiz Rafael Estrela devido à pandemia da *Covid-19*, determinando que todos aqueles que já obtiveram o benefício de saída temporária permanecessem fora das prisões, a fim de minimizar o impacto do contágio nas unidades prisionais, o que ocorreu em grande escala, mas que convenientemente não foi amplamente divulgado.

Nesta nova etapa da vida, Renato teve que recomeçar praticamente do zero, uma vez que perdeu tudo o que tinha. No entanto, sente-se feliz porque, ao custo das perdas materiais, conquistas maiores foram alcançadas, como a liberdade e a paz interior. Foi necessário mudar para uma modesta casa alugada, de apenas um quarto, na qual vive com a esposa e os dois filhos. Para se manter financeiramente após abandonar o tráfico, ainda dentro da prisão, vendia lanches, almoço e sobremesas trazidos pela esposa e, do lado de fora, virava-se através de biscates. Recebeu total apoio do *LPV* e foi designado a ser o responsável pela unidade na região para levar ações sociais para as comunidades carentes de São Gonçalo e Niterói. Agradece muito à boa luta travada por Jorge Turco no apoio aos presos e egressos.

Enquanto não sai a condenação definitiva do segundo processo, Renato aguarda com resiliência o seu destino. Mesmo que seja obrigado a retornar à penitenciária, afirma que o fará com a cabeça erguida para cumprir o que deve à sociedade. Deseja obter sua cidadania e tem uma vontade simples: apenas votar, o que nunca pôde fazer. Espera ainda que, através do voto, todos possam ter consciência em escolher representantes que olhem com mais atenção para esta parcela da população que, mesmo após pagar suas dívidas, permanece sendo punida diariamente sem oportunidades.

Ronaldo Antônio Miguel Monteiro: a mão estendida que faz a diferença

Finalizando a nossa jornada, o último "personagem" não será apresentado com nome fictício. Sua vida foi intensa e bem famosa nos noticiários policiais, mas Ronaldo Monteiro deu a volta por cima e se tornou uma das vozes mais atuantes e conhecidas em todo o país pelo caminho que seguiu após o cárcere, possibilitando a mudança a tantos outros.

O nascimento e a criação foram em Niterói. O pai era caminhoneiro e a mãe, professora, mas teve uma vida confortável de classe média baixa, estudando em boas escolas particulares. Era exceção nos colégios, onde por vezes era o único negro. Não bastasse a totalidade de seus colegas serem brancos, eles eram ainda filhos de políticos, empresários e altos militares. Sempre se deparou com as desigualdades e, mesmo sem saber o significado da palavra, sentia a discriminação nua e crua, o que levou desde cedo a se revoltar contra o racismo estrutural ao seu redor. Para superar as barreiras impostas, se dedicava aos esportes e às artes, escrevendo e atuando no teatro escolar. Buscava ser o melhor em tudo o que podia. Chegou até a iniciar duas faculdades, uma de Educação Física e outra de Processamento de Dados, mas não concluiu nenhuma porque sentia que precisava crescer e mostrar o seu valor de forma rápida. Com todas estas oportunidades, apesar dos percalços, Ronaldo reconhece que a sua realidade foi bem diferente da imensa maioria das pessoas com quem se deparou no sistema prisional.

Ainda na época escolar, já aos quatorze anos, começou a se envolver com as drogas, primeiro como usuário, depois com pequenos tráficos, indo buscar nas favelas e levando aos colegas de classe alta que não possuíam a mesma coragem, com o intuito de se enturmar. Tempos depois, tomou gosto pelos jogos de azar, principalmente os clandestinos, o que foi a porta de entrada para iniciar seu envolvimento com a contravenção. Associou-se a grandes contraventores que sempre dominaram o cenário fluminense, abrindo casas de jogos e atuando na arrecadação de apostas do jogo do bicho. Confessa que não administrava bem seus vícios, com isso, contraiu muitas dívidas com as jogatinas e consumo excessivo de drogas, então para arcar com os custos, passou a praticar assaltos à mão armada, o que durou pouco tempo, pois surgiu uma oportunidade mais lucrativa.

O ensejo apareceu no episódio que ficou conhecido como *verão da lata* ocorrido entre 1987 e 1988, quando um navio contrabandista vindo da Tailândia em direção aos Estados Unidos transportava vinte e duas toneladas de maconha em latas fechadas a vácuo. Sabendo que a *Interpol* estava ciente dos planos e havia avisado às autoridades brasileiras, os tripulantes descarregaram toda a mercadoria no mar antes de serem interceptados. As latas emergiram e se espalharam por todo o litoral sul do país, principalmente entre Rio e São Paulo, chegando a surgir nas areias das praias, se tornando uma das maiores caças ao "tesouro" já vistas em solo tupiniquim.

Ronaldo tomou conhecimento de um barco pesqueiro que conseguiu retirar do mar centenas das famosas latas, mas os pescadores não sabiam o que fazer com aquela mercadoria, então ele se prontificou a comprar e revender o produto. O faturamento foi elevado, uma vez que a maconha era considerada de alto nível e disputadíssima no mercado. Ronaldo percebeu com este episódio que, ao invés de praticar pequenos tráficos, a geração de ganhos de verdade era com o contrabando e a revenda em grandes quantidades. Buscou pessoas que já atuavam neste ramo, iniciando sua jornada como matuto do tráfico, contrabandeando entorpecentes vindos da Bolívia e Paraguai e distribuindo em diversas comunidades da região metropolitana, além de bairros de classe alta.

Mesmo recebendo muito dinheiro advindo das atividades com tráfico e jogos clandestinos, Ronaldo sabia que atuava em áreas muito perigosas e sentia-se ameaçado a todo instante, ainda mais porque na contravenção lidava com pessoas importantes e poderosas. Temendo por sua vida, desejava mudar para um ramo que lhe trouxesse menos riscos. Vislumbrou essa oportunidade no início dos anos 1990 com o surgimento da onda de sequestros, em que foi um dos pioneiros. Para ele, a atividade era menos perigosa, uma vez que precisava apenas de uma boa estratégia e planejamento com muita antecedência. Montou uma equipe estruturada que atuou em cerca de dez ações ao longo de dois anos, mas apesar de todas as precauções tomadas, acabou sendo preso após um longo período de investigação. Contudo, foi condenado a vinte e oito anos em regime fechado por apenas uma extorsão mediante sequestro. A partir daí foi transferido para diversas penitenciárias por ser considerado de alta periculosidade, em uma época que ainda não havia a integração com os presídios federais.

Ronaldo foi se adaptando a cada local por onde passou. Era muito respeitado e conhecido no sistema. Após pouco mais de um ano de muitas privações e reflexões no cárcere, ele decide por uma transformação radical ao ingressar em sua jornada espiritual, como o próprio define. Aquela mentalidade criminosa de outrora, dava lugar a um desejo intenso de mudança de tudo de errado que observava ao seu redor, fazendo ressurgir a personalidade criativa e perspicaz da adolescência, desta vez atuando pelas vias corretas. Muito desta mutação se deve a um fato único e inimaginado ocorrido quando uma de suas vítimas, um empresário chamado Custódio Rangel, foi visitá-lo na penitenciária e não só o perdoou como foi fundamental em sua reintegração social. O sequestro não chegou a acontecer porque o plano falhou, mas somente a possibilidade mexeu muito com o empresário, que decidiu que deveria fazer algo pela sociedade a fim de que outras pessoas não passassem por tamanha angústia.

Fundamental também em sua recuperação foi o recebimento de cartas escritas por Dorcas Machado, uma idosa muito conhecida no meio prisional que dedicava a vida a escrever pequenas cartas a presidiários em todo o Brasil com mensagens de fé, esperança e perdão. Ao longo de mais de dez anos, Dorcas enviou dezenas de milhares de correspondências, chegando a passar até quinze horas por dia escrevendo para oferecer um pouco de conforto a presos anônimos ou famosos, mesmo com idade avançada e com problemas de saúde, sem receber nenhum centavo pela iniciativa. Muitas vidas foram salvas por estas mensagens, inclusive a de Ronaldo, que tem satisfação em mostrar, com muito carinho, a primeira cartinha recebida por aquela estranha que se tornara tão íntima num momento de tamanha dificuldade e transformação.

Aproveitando-se da liderança que gozava entre os presos, Ronaldo resolveu mudar sua vida e a de outros ao seu redor, começando a ensinar a alguns detentos analfabetos as primeiras palavras. A iniciativa foi crescendo, até que surgiu a necessidade de a diretoria autorizar uma escola dentro da unidade prisional no complexo de Gericinó. A partir da leitura, veio o ensino em datilografia e a formação de um grupo musical, em parceria com outros que tinham alguma habilidade a compartilhar. Não parou por aí. Criou para os filhos dos presos um projeto de reforço escolar dentro das unidades, onde as crianças também contavam com atividades musicais e brincadeiras. Outras ações sociais foram introduzidas para atender toda família, como a arrecadação e distribuição de cestas básicas em cada visita e cursos para as mulheres com aulas de gestão financeira e economia doméstica, ministradas por professores externos, depois, pelos próprios agentes penitenciários.

A iniciativa com as crianças rendeu um prêmio internacional e o valor recebido foi utilizado no custeio das demais atividades. Também contou com a ajuda de seu Custódio, aquele mesmo que fora vítima de Ronaldo e que, ao saber das intenções, não hesitou em prestar total apoio, não só financeiro, mas se empenhou pessoalmente em levar ao conhecimento de políticos e a outras instituições, conseguindo ampla adesão e patrocínio para as atividades. Criaram ainda uma oficina artesanal, onde quarenta detentos recebiam salário e setenta por cento do valor era doado novamente ao projeto. Em uma amostra com trabalhos criados a partir de papel reciclado, receberam a ilustre visita de João Cândido Portinari, filho do ícone da pintura brasileira, que ficou maravilhado com os trabalhos criados ali e também resolveu ajudar.

Os horizontes se expandiam cada vez mais. Após a visita de um empreendedor social, este concordou em ajudar na criação da primeira escola de informática e cidadania no sistema prisional brasileiro. Uma iniciativa ousada e revolucionária, a qual abriu as portas do conhecimento para muitos presos que talvez jamais teriam a oportunidade de aprender computação fora do cárcere. Ronaldo foi um dos primeiros alunos, mas como já tinha certo conhecimento prévio, logo passou a instrutor e, a partir de tantas intervenções sociais dentro do complexo de presídios, surgiu a ideia da criação de uma instituição extramuros, o que se concretizaria anos mais tarde. Enquanto isso, os presos se tornavam cada vez mais *experts* em informática. Começaram a ensinar pessoas de fora, inclusive professores da rede pública, e foram abertas turmas para que os carcereiros aprendessem com os encarcerados.

Após treze anos em regime fechado, Ronaldo finalmente consegue a liberdade condicional. Neste reinício, quem o estava esperando para estender as mãos foi o próprio Custódio Rangel, que concedeu a oportunidade de seu primeiro emprego de carteira assinada. Antes vítima, agora se tornara mais do que patrão, um amigo. Ronaldo agarrou com afinco a chance e não decepcionou. Este exemplo de amor ao próximo tão incomum chamou a atenção de muita gente, fazendo com que a história, anos depois, fosse contada na telenovela *Viver a Vida* da Rede Globo, em 2009, na qual, ao final dos capítulos, várias pessoas anônimas prestavam relatos reais. Ronaldo foi um destes. No mesmo ano, patrão e empregado foram matéria do *Fantástico* e em outros meios jornalísticos.

Depois do período em que passou trabalhando com Custódio, finalmente chegou o momento de Ronaldo Monteiro alçar voos maiores e dar continuidade a toda obra social que iniciara ainda dentro da prisão. Foi então que surgiu o *Centro de Integração Social e Cultural (Cisc) – Uma Segunda Chance*, com sede no município de São Gonçalo. A iniciativa buscava a inclusão social, seguida por geração de empregos, destinada aos familiares de presos e jovens em situação de risco. Para fundar a instituição, contou com a ajuda de várias pessoas ligadas aos direitos humanos, como o próprio empreendedor social e, novamente, Custódio Rangel. Apesar de baseado em São Gonçalo, o *Cisc* mantinha atividades em dezenas de comunidades no Rio e Grande Rio, além das unidades prisionais, com inúmeros projetos. Chama a atenção a *Incubadora de Empreendimentos para Egressos (IEE)*, uma iniciativa que tinha por objetivo treinar e orientar detentos e egressos, formando novos empreendedores. Funcionava na captação de algum talento ou especialidade daquele indivíduo, então buscava apoio para a criação do negócio com total auxílio desde a incubação até a criação da microempresa. Na visão de Ronaldo, era a única oportunidade para aqueles que saíam do sistema prisional e viam todas as portas fechadas no mercado trabalho.

A *IEE* ao longo de seu período de atividade ajudou a criar cerca de quinhentas microempresas com o apoio da

Fundação Getúlio Vargas e com o patrocínio da *Petrobras*. Este patrocínio só foi possível graças à coragem de Ronaldo quando, durante uma moção honrosa na câmara de vereadores do Rio de Janeiro em homenagem à pedagoga e ativista do movimento negro, Vanda Maria de Souza Ferreira, a própria o convidou a tecer algumas palavras. Ele então aproveitou e desabafou sobre as dificuldades de se conseguir avançar com seus projetos sociais e gerar oportunidades para as pessoas que saem das cadeias querendo trabalhar, mas que, devido à falta de apoio, só restava retornar à criminalidade para não passar fome. No mesmo dia, conseguiu agendar uma reunião com gestores da estatal, na qual foi garantida uma verba inicial para o programa piloto, que deu tão certo que se expandiu e chegou até outros estados da federação. Ronaldo virou palestrante, percorrendo dezenas de cidades Brasil afora contando sua trajetória e ensinando o empreendedorismo a centenas de presos, além de autoridades dos meios jurídico e empresarial. Foi agraciado com prêmios e se formou como *personal coach*.

Porém, nem tudo são flores. Mesmo com todo o êxito, o projeto sofreu com o abrupto rompimento de contrato por parte da estatal, o que causou enorme prejuízo à instituição. Não tendo como arcar com todos os compromissos, as atividades tiveram que ser canceladas e dívidas trabalhistas para com os profissionais contratados vieram aos montes, fazendo com que os bens fossem vendidos para pagar parte do que devia a ex-funcionários, além de débitos fiscais. A *ONG* ficou inativada durante cinco anos e foi retomada timidamente no começo de 2020 devido à pandemia do coronavírus, ajudando em arrecadação de cestas básicas e materiais de limpeza para doação aos mais necessitados, com a ajuda de uma rede de parceiros.

Na vida pessoal, Ronaldo teve que recomeçar do zero. Conta que já teve até três milhões de reais em sua conta, mas nunca se aproveitou do dinheiro destinado ao *CISC*. Sem renda, retornou para o local onde recomeçou sua vida: o complexo de Gericinó. Quem chega ao local pela primeira vez, fica abismado com o crescimento desordenado de comércio na principal rua que leva aos presídios. São inúmeros restaurantes, mercadinhos, barracas de lanches e hospedarias. Em dias de visitas, o lugar recebe em torno de cinco mil famílias, com muitos precisando comprar materiais de limpeza, higiene pessoal e alimentos para os parentes encarcerados. Alguns são de longe, necessitando pernoitar no local, daí a quantidade de quartos e pensões disponíveis. Este comércio desenfreado divide opiniões. Para uns, é uma forma que pessoas arranjam de lucrar com a tragédia humana de quem sofre por ter um ente querido em condição de aprisionamento. Para outros, a abundante oferta de estabelecimentos para compras, alimentação e acomodação alivia o martírio de quem é obrigado a passar horas a fio em filas quilométricas, muitas vezes sem ter se alimentado devidamente.

Assim foi o pensamento de Ronaldo que, para se sustentar, regressou a Gericinó e ali montou uma barraquinha para vender pastéis. Ia e voltava de ônibus todos os dias, porque nem carro possuía mais. O negócio deu certo, então seis meses depois, surgiu a oportunidade de alugar um local, mesmo com a hiperinflação imobiliária da região, onde o aluguel de uma pequena loja de cinco metros quadrados não sai por menos de três mil reais. Logo depois, conseguiu alugar mais duas lojas ao lado, porque além da venda dos pastéis, a ideia seria fazer um restaurante e um minimercado. Porém, com o advento da pandemia, os planos tiveram que ser interrompidos, e Ronaldo vai se virando como pode ao lado de sua guerreira esposa, a qual conheceu através de uma parceria com o *Instituto de Consciência Negra Nelson Mandela*, onde ela atuava como assistente social. Os dois, que já eram divorciados, uniram-se e permanecem juntos há mais de uma década, sendo parceiros em todos os projetos, nos momentos altos e baixos.

Devido à *Covid-19*, havia acabado de perder um dos seus pilares, a própria mãe, por complicações decorrentes da doença e estava na iminência do fechamento das portas de seu comércio, aberto com tanto sacrifício. Mesmo assim, mantinha a positividade e a fé, afinal, após passar por tantos obstáculos, certamente estes seriam também superados.

Coincidentemente, nossa conversa ocorreu justamente em 20 de novembro de 2020, Dia da Consciência Negra, e Ronaldo fez questão de mencionar novamente a pedagoga Vanda Maria de Souza Ferreira, a quem ele agradece sobremaneira por ser a pessoa que o apresentou à cultura afrodescendente. Antes, não conhecia nem mesmo a importância de Zumbi dos Palmares e outros ícones, como Luiz Gama. Tentava incorporar para si a coragem e determinação de um, com a sabedoria e inteligência do outro. Com essa noção, redescobriu mais sobre si e pôde ajudar outros a se redescobrirem também.

Atribui aquela revolta na adolescência à ignorância sobre sua real origem, facilitando, assim, a discriminação sofrida nos colégios sem a devida defesa. Acredita que de posse das informações e do empoderamento existentes hoje no que se refere aos direitos do cidadão negro, possivelmente não entraria na vida do crime, uma vez que estaria pronto para encarar de frente todas as provocações com muito orgulho de sua raça.

Sua esperança é de que as novas gerações cresçam com esta altivez, jamais baixando cabeça para nenhum tipo de preconceito.

EPÍLOGO

UMA REFLEXÃO

Dos relatos e memórias aqui compilados, não é surpreendente que o sistema carcerário brasileiro seja considerado muitas vezes igualado ao medieval. Quem conhece a História lembrará das execuções públicas, em meio a multidões que se compraziam no sofrimento dos prisioneiros; tortura, cabeças decapitadas em estacas para dar exemplo; uma justiça que não conhecia o conceito de atenuantes ou de falibilidade do juiz, e que não aceitava sua parcela de responsabilidade pela miséria humana, lançando homens e mulheres, pelo desespero, ao crime. Prisões lotadas, sem quaisquer condições de higiene, em que se misturavam pessoas de todos os sexos e idades, e se perpetravam todos os tipos de abuso.

Essa percepção não é novidade: tanto as autoridades responsáveis como a sociedade conhecem as condições brutais a que os presos são submetidos em nossas cadeias e presídios. E aí se percebe que o problema não decorre apenas de décadas de negligência, com políticas públicas reiterada e sistematicamente ineficientes, mas também de uma insensibilidade social profunda, que enxerga as gritantes violações de direitos fundamentais como nada menos do que esses "não cidadãos" merecem.

É uma sanha de justiça punitiva, algo que vemos no bordão de programas policiais sensacionalistas, de que "o pessoal dos direitos humanos só aparece para os bandidos"; ou, mais recentemente, durante a pandemia de *Covid*, com as discussões sobre a população carcerária ser ou não prioridade no Plano Nacional de Imunização. E, em meio ao desejo de que nenhum culpado escape de sua justa retribuição, a sociedade acaba por aceitar a possibilidade de punir inocentes.

Do outro lado, também não existe grande vontade política para defender os interesses da população carcerária. Os presos não votam, e defendê-los pode ter um custo junto a eleitores mais conservadores. A questão da segurança pública surge nos debates a cada eleição, mas quase sempre num discurso de repressão. Sem representatividade e contando com a rejeição popular, nosso sistema prisional se torna um ponto cego legislativo.

Há certa ironia em se constatar que até temos um arcabouço legislativo amplamente garantista, preocupado em assegurar os direitos fundamentais dos reclusos. Existe, contudo, um abismo, entre aquilo que é preconizado, por exemplo, na Lei de Execuções Penais, e o que acontece na prática.

É nesse contexto que o Conselho Nacional de Justiça, à época presidido pelo Ministro Gilmar Mendes, começou a realizar os mutirões carcerários em 2008, cujas histórias de sucesso – bem como as tragédias que eles ajudaram a expor – encontramos aqui neste livro. Os mutirões ajudaram a mapear de forma mais exata a realidade que já conhecíamos, de hiperencarceramento e condições subumanas em praticamente todos os aspectos da existência nas prisões.

Conforme observado ao longo desta obra, os mutirões carcerários foram marcos importantíssimos no resgate de vidas. Infelizmente, com o passar dos anos, algumas conquistas obtidas no período em que perdurou a iniciativa foram minorando ou sendo esquecidas, embora muitos feitos permaneçam até os dias atuais, contudo, necessitando de constante vigilância.

Sem querermos parecer pretensiosos, esperamos que este livro possa ajudar no reavivamento do interesse por parte dos poderes públicos em dar continuidade a um tema tão caro à sociedade brasileira. Felizmente, em 2020, o Estado do Espírito Santo deu o pontapé inicial ao promover o primeiro mutirão carcerário virtual devido à pandemia da *Covid-19*. Torçamos para que outros estados sigam o exemplo e reiniciem as atividades em prol de um sistema prisional mais justo e humanitário.

Os fatos desvelados pelos mutirões serviram, em 2015, como base para que o Partido Socialismo e Liberdade (*PSOL*) apresentasse a *Arguição de Descumprimento de Preceito Fundamental* n. 347 ao Supremo Tribunal Federal. A *ADPF* sustenta o reconhecimento de um "Estado de Coisas Inconstitucional" (*ECI*), conceito emprestado, originário da Corte Constitucional Colombiana, e que foi aceito pelo *STF*.

O *ECI* é uma técnica de julgamento por meio da qual cortes constitucionais poderiam, ao identificar um quadro de violação massiva e sistemática de direitos fundamentais resultante de falhas estruturais do Estado, declarar a existência de uma ampla contradição entre a realidade social e os comandos normativos constitucionais. Reconhecendo o *ECI*, a corte então se dirige a órgãos e autoridades em diferentes níveis, determinando que sejam formuladas e implementadas políticas públicas que solucionem esse estado de coisas inconstitucional.

Na esteira de uma série de decisões históricas, o *STF* aceitou o argumento da *ADPF* n. 347 e, julgando os pedidos cautelares em setembro de 2015, deferiu em específico o descontingenciamento das verbas existentes e subutilizadas do *Fundo Penitenciário Nacional* (*FUNPEN*); e determinou a obrigação de se realizar audiências de custódia, viabilizando o comparecimento do preso perante a autoridade judiciária em até 24 horas, a partir do momento da prisão.

A relevância dos mutirões, idealizados e implementados pelo ministro Gilmar Mendes, foi, como já observado, reconhecida pela *ADPF* n. 347, que elenca o projeto entre seus fundamentos. O tema é tão importante que se requereu nos pedidos da ação que o Conselho Nacional de Justiça coordenasse novos mutirões, viabilizando assim revisão de todos os processos de execução penal em curso no país.

Até a finalização deste livro, a ação ainda não havia sido julgada em definitivo, mas já faz seus efeitos. A realização de audiências de custódia, sobretudo, vem ao encontro do problema causado pela excessiva quantidade de presos provisórios, tendo em vista a banalização da prisão processual. Nesse contexto de banalização, o ministro Gilmar Mendes recomendou também o pedido de elaboração de um plano de trabalho para treinamento de juízes sobre o sistema prisional e medidas alternativas, a ser enviado à *Escola Nacional de Formação e Aperfeiçoamento de Magistrados* (*ENFAM*).

O reconhecimento do *ECI*, da penúria no sistema carcerário brasileiro, e, por consequência, da legitimidade de um ativismo judicial em reposta à inércia dos Poderes – incluindo aí o próprio Poder Judiciário – se constitui assim uma importante vitória.

Vale muito destacar, como apontamos nas páginas desta obra, quão fundamental é o trabalho de pessoas e entidades que se doam para estender as mãos àqueles que estão dentro ou fora das prisões. A lógica é simples, uma vez que, retirando da criminalidade quem já pagou por seus atos, temos um indivíduo a menos a pôr em risco a sociedade. Não precisa ser especialista ou defensor dos direitos humanos para perceber esta equação, basta apenas um pouco de empatia e noção sociológica básica.

O encarceramento desordenado é um problema que está e sempre esteve diante dos nossos olhos, então não adianta fingir ou imaginar soluções mirabolantes para sua resolução. É necessário que cada um faça sua parte, ao menos tratando o tema com atenção e discussões dentro dos limites de humanidade. Os exemplos mostrados comprovam que, havendo apoio às iniciativas de ressocialização, os resultados são excelentes, e a sociedade só tem a ganhar. Alguns apontam que, para cada preso recuperado, este pode trazer ao menos mais três consigo.

Procuramos tomar como exemplo os casos citados para mostrar que, mesmo com diferentes realidades, classes sociais ou origens, são muitos os que se desviam para a vida do crime por razões diversas. Não ousamos dizer que sejam vítimas da sociedade, e, sim, reflexo dela, afinal, em um país desigual como o Brasil, onde a criminalidade em boa parte é negligenciada ou, em alguns casos, praticada pelo próprio Estado, são abundantes as oportunidades para o ingresso em uma vida marginal. Alegar somente a tese da índole para justificar tal marginalidade sem considerar as inúmeras variáveis consiste em cair num simplismo absurdo. É de suma importância que debates sérios relativos à segurança pública, como a forma de combate às drogas, sejam travados de maneira madura, sem ideologias ou generalizações.

Ainda mais importante é pensar nas unidades prisionais como locais de recuperação do indivíduo, não uma espécie de purgatório terrestre, visto que já estão mais do que batidas as noções do punitivismo vingativo e o encarceramento em massa. Passaram-se décadas destas experiências falhas, entretanto muitos ainda teimam em seguir por este caminho infrutífero.

A reflexão que conclamamos a exercer é pensar no apenado ou egresso como um cidadão qualquer, independentemente do crime praticado. Em um Estado Democrático de Direito, são previstas as penalidades, as quais devem ser aplicadas seguindo os parâmetros legais. Partindo deste pressuposto, então por que são tolerados os excessos e os descumprimentos do que fora estabelecido? Será que não há uma inversão de valores nesta lógica, atuando o Estado como fora da lei?

Por fim, é sempre bom lembrar que o artigo quinto da Declaração Universal dos Direitos Humanos diz que *ninguém será submetido à tortura, nem a tratamento ou castigo cruel, desumano ou degradante.*

O artigo onze vai mais longe ao dizer que *todo homem acusado de um ato delituoso tem o direito de ser presumido inocente até que sua culpabilidade tenha sido provada de acordo com a lei, em julgamento público no qual lhe tenham sido asseguradas todas as garantias necessárias à sua defesa.*

A pergunta é: se tudo está claramente escrito, por que não conseguimos enxergar as letras? Será falta de alfabetização ou só mesmo de humanidade?

POSFÁCIO

O LEGADO DE UM MESTRE

É difícil resumir a vida e obra de um gênio das letras em poucas linhas. Para enumerar seus feitos e contribuição à literatura brasileira, é necessário mergulhar mais fundo no que José Louzeiro representa; então, tentarei mostrar através da minha ótica pessoal.

Considerado por muitos o pai do romance-reportagem brasileiro, para mim, ele foi exatamente isso: um segundo pai. Para um aspirante a roteirista de apenas 21 anos de idade quando o conheci ao me inscrever em seu curso de roteiro, em pouco tempo, pude perceber a generosidade deste monstro da literatura. Perto do final do curso, sem condições financeiras para continuar, Louzeiro não se importou com os pagamentos e, não só me permitiu a conclusão, como também ao término me convidou a permanecer consigo, ajudando-o em seus projetos. O motivo não sei dizer, talvez porque tenha se identificado com aquele quase garoto, que vinha todas as semanas da extremidade da cidade do Rio de Janeiro a fim de aprender entusiasmado com seu ídolo. Pode ser ainda por reavivar em sua memória outro jovem pobre, da Camboa do Mato, periferia de São Luís, que desejava denunciar as injustiças que presenciava e foi muito perseguido por suas convicções. Migrou então para o Rio e mergulhou no submundo da cidade, onde não se calou e amplificou sua voz através da escrita, seja nos jornais ou nos livros. A partir de então, foram quase quinze anos de parceria, com algumas interrupções, no auxílio de pesquisas e outras tarefas, como o generoso convite a compartilhar a autoria desta obra para a qual fui convocado inicialmente apenas como entrevistador.

A generosidade de Louzeiro não se restringia a mim. Além de grandes ensinamentos a todos os colaboradores com quem trabalhou, estava sempre aberto a qualquer um que chegasse em busca de seus conselhos e histórias. De quebra, ainda éramos agraciados com ótimos causos, desde Nelson Rodrigues, passando por Carlos Heitor Cony, a Maura Lopes Cançado e outros ícones com quem trabalhou ou de quem fora amigo. Sua coragem e simplicidade brindaram a todos os leitores e expectadores que, desde a década de 50, começaram a ter contato com uma linguagem diferente, nua e crua da criminalidade, que antes era abordada somente na superfície, trazendo a todos as mazelas desta realidade paralela, sem perder a sutileza e a narrativa voraz. Deu um nó na cabeça de muita gente à época (e ainda este efeito permanece até hoje) ao dar voz aos excluídos, aqueles que geralmente não são ouvidos nem nos processos judiciais, quem dirá na imprensa ou literatura.

Muitas vezes sendo tachado de *defensor de bandidos*, nunca se importou com tal insinuação, pelo contrário, até chamava seus personagens de "meus bandidos" como forma carinhosa e debochada. Apesar de tais acusações não serem verídicas, para mentes fechadas, o simples fato de dar voz aos menos favorecidos automaticamente o coloca na posição de defensor. Vide o caso recente de Marielle Franco e outros.

José Louzeiro narrou a vida cotidiana e as mazelas como ninguém. Não se limitou a somente escrever histórias de bandidos, conforme alguns dizem, mas em seu currículo estão a excelente biografia de Elza Soares e, principalmente, livros e argumentos sobre casos emblemáticos de crimes que chocaram épocas, como o sequestro do menino Carlinhos e os assassinatos de Ângela Diniz e da menina Aracelli. Conhecendo sua natureza inquietante, hoje certamente estaria debruçado nas tramas macabras que vêm tomando conta dos noticiários.

No cinema, nos agraciou com mais de dez roteiros maravilhosos e premiados. Como não lembrar de *Pixote* e *Lucio Flávio*, que, para mim, foram especiais para conhecer a obra do mestre? Na cereja do bolo, ainda nos presenteou com a melhor novela de 1987, *Corpo Santo*, da extinta TV Manchete, que pela minha idade de seis para sete anos, infelizmente fui "censurado" de assistir. Censura maior sofreu todo o Brasil em 1993 quando sua novela *O Marajá* foi proibida de ser exibida no dia da estreia. Por diversas ocasiões, ele se mostrava muito contrariado com esta proibição, pois, para quem viveu os tempos de ditadura, não haveria cabimento para tal arbitrariedade anos após o seu término oficial.

Louzeiro era incansável na busca pela justiça. Pagou um preço alto por isso ao longo de toda sua trajetória, contudo, se manteve firme em seus ideais. Nem sempre concordávamos em todas as posições, mas o admirava enormemente por manter o seu prumo diante das mais terríveis tempestades. Mesmo nos últimos anos, no embate direto com o terrível diabetes, permaneceu ativo e aguerrido, criando e escrevendo até onde as limitações o permitiam.

Em tempos cada vez mais estranhos que volta e meia teimam em ressurgir no Brasil, é enorme a falta que faz a vigilância e as palavras vorazes de José de Jesus Louzeiro. Contudo, seu legado permanecerá para sempre enquanto no país das injustiças houver a necessidade de se ouvir o outro lado das histórias. Ele não foi apenas um passageiro da agonia que nos assola, e, sim, o condutor que transportou essa aflição a lugares antes jamais alcançados.

ANDRÉ DI CENI

AGRADECIMENTOS

Esta obra não seria possível sem a ajuda de tantas pessoas e instituições que nos apoiaram e abriram caminhos em cada unidade federativa por onde passamos. Muitos são verdadeiros guerreiros em uma batalha inglória na luta pela ressocialização em um país em que pouco se discute o tema. Agradecemos não somente pela ajuda no livro, mas pelo empenho de possibilitar uma segunda chance àqueles que optaram ou foram levados por caminhos fora da lei. Agradecimento especial aos apenados ou egressos que compartilharam suas trajetórias com coragem e sinceridade. Que suas histórias de superação possam inspirar muitos!

Agradecimentos gerais:

Ministro Gilmar Ferreira Mendes (STF)
Juiz Erivaldo Ribeiro dos Santos (TRF 4ª Região-PR)
Desembargador Ney Bello Barros Filho (TRF 1ª Região)
Desembargador Luís Geraldo Sant'Ana Lanfredi (CNJ)
Desembargador Reinaldo Cintra Torres de Carvalho (TJSP)
Desembargador Antônio Carlos Malheiros (TJSP)

Ceará:

Marcelo Meireles Lobão (Juiz Federal)

Defensoria Pública – NUDEP:

Aline Lima de Paula Miranda
Marta Monteiro
Sandra
Doralice
Motorista Reginaldo

TJCE:

Desembargador José Tarcílio da Silva
Juiz Francisco Jaime Medeiros Neto

SEJUS:

Ariane Andrade Sampaio
Bento Laurindo de Araújo
Marcius Bonfim Borges
Iraneide Maria Soares
Apenados/egressos:
Adonias Pinheiro de Souza
Cynthia Corvello
Francisco Juliene Dias de Freitas
George Chaves de Castro
Jaqueline Ferreira de Almeida
Liberacy Maria de Lima Guimarães
Paulo Sérgio de Oliveira Targino

Maranhão:

Marcelo Meireles Lobão (Juiz Federal)
Aline Lima de Paula Miranda (Defensora Pública Ceará)

TJMA:

Desembargador José de Ribamar Fróz Sobrinho
Juiz Douglas de Melo Martins
Juiz Fernando Mendonça
Marilene Aranha Carneiro Silveira (NAV)
Motorista Pedro Paulo

Defensoria Pública:

Paulo Rodrigues da Costa

Apenados/egressos:

Antônio Maria Paiva Ribeiro
Carlos Rogério Lima da Silva
Isaías Ribeiro de Araújo
Lázaro Ferreira Coelho

Bahia:

Paulo Eduardo de Almeida Sorci (Juiz do TJSP)

TJBA:

Juiz Ricardo Augusto Schmitt
Juiz Claudio Augusto Daltro de Freitas
Juíza Andremara dos Santos
Maria do Socorro Azevedo Frerichs
Motorista Robson

SEAP:

Luz Marina Ferreira Lima Silva
Vítor Hugo Barreto Galdino
Paulo Roberto Cupertino

Fundação Dom Avelar Brandão Vilela:

Natasha Maria Wangen Krahn
Jaílton

Apenados/egressos:

Ailton Melo Junior
Antônio Fernando de Albuquerque
Diego Figueiredo Nascimento
Enoque Rosalvo Ribeiro
Érica de Jesus
Inácio Pereira da Silva Filho
Jucileide Maria dos Santos Cruz
Maria Raimunda Santos
Ramon Lopez
Sandoval Pereira Carvalho

Amazonas:

Douglas de Melo Martins (Juiz do TJMA)

TJAM:

Juiz George Hamilton Lins Barroso
Juíza Eulinete Melo Silva Tribuzy
Desembargador Arnaldo Peres Carpinteiro
Desembargador Sabino da Silva Marques
Tânia Mara Garcia Mafra
Motorista Renê

Apenados/egressos:

Astrogildo Souza dos Santos
Marcela Alcântara
Mauro Sérgio Félix
Pedro de Mattos Barbosa

Raimundo Sebastião Ferreira
Ricardo Alves Peixoto

Goiás:

Marcelo Meireles Lobão (Juiz Federal)
George Hamilton Lins Barroso (Juiz do TJAM)

TJGO:

Juiz Wilson da Silva Dias
Juiz Éder Jorge
Juiz Carlos Magno Rocha da Silva
Motorista Elias

SAPeJUS:

Edemundo Dias de Oliveira Filho
Robson Cavalcante de Souza
Janilsley Gomes de Abreu
Clóvis Jesus de Resende

AFSEP:

Wagner Alves Ferreira
Sindicato Rural de Luziânia:
Marcos Epaminondas de Morais
Apenados/egressos:
Edson Martins Vieira
Jefferson Barbosa de Souza
José Henrique da Silva
Marcelo Rubens Cardoso
Udison da Silva Pereira

Distrito Federal:

Procuradoria Geral de Justiça:

Eunice Pereira Amorim Carvalhido

TJDFT:

Juiz Ademar Silva de Vasconcelos

FUNAP:

Adalberto Monteiro
Verlúcia Moreira Cavalcante

Apenados/egressos:

Fernando de Figueiredo
Marcelo Henrique
Rubens Silva de Alcântara
Silvério Batista de Oliveira
Udson Sérgio da Silva Santos

Paraná:

Wilson da Silva Dias (Juiz do TJGO)
Éder Jorge (Juiz do TJGO)
Justiça Federal do Paraná
Juiz Rony Ferreira
Fernando Veríssimo Neves

Patronato Penitenciário Municipal de Foz do Iguaçu:

Alexandre Calixto da Silva
Luciana Ferreira

DEPEN:

Mauricio Kuehne
Mozart David Vallim Zimmermann

Apenados/egressos:

Elias Lima da Silva
Elisângela Marques Ramos
Paulo Sérgio Figueira
Tadeu Soares da Silva
Wellington Souza Ferreira

Espírito Santo:

Rony Ferreira (Juiz Federal Paraná)
Aline Lima de Paula Miranda (Defensora Pública Ceará)

TJES:

Juiz Ezequiel Turíbio
Juiz Marcelo Menezes Loureiro
Cândida Silva de Morais
Motorista Eudinei
Motorista William

Defensoria Pública:

Humberto Carlos Nunes
Fábio Ribeiro Bittencourt

SEJUS:

Ulisses Raisen de Oliveira
José Antônio de Souza Gomes
Fábio Luiz de Freitas
Claudio Nienq Machado
Bruna Vieira Braga

Alessandro Ferreira de Souza
José Marcos Iglesias
Cristiano (Assistente Social)

Apenados/egressos:

Ademilton Vicente Alves
Alex de Jesus Santos
Altomir Gomes Cardoso Junior
Carlos José Zeferino
Eliseu França da Cruz
Jeremias Nunes Peres
José Augusto de Jesus
Roberto Alves Gonzaga Junior
Sidnei Marcelino Almeida
Vinicius de Menezes Lima

Rio de Janeiro:

TJRJ:

Juiz Rafael Estrela Nóbrega
Juiz Rubens Roberto Rebello Casara

Defensoria Pública:

Eduardo Quintanilha
Eduardo Newton
Cedae – Projeto Replantando Vida:
Alcione Duarte
Alan Abreu

Instituto Brasileiro Lutando Por Vidas (LPV):

Jorge Turco

Apenados/egressos:

Eduardo Vitorino Leite Junior
Elizabete Pereira da Silva
Evandro Rodrigues da Silva
José Batista Filho
Jucilene de Aguiar dos Santos
Ronaldo Antônio Miguel Monteiro
Tânia Maria Nery

Agradecemos, em especial, e dedicamos esta obra às nossas famílias, base para tudo. Por fim, agradecemos ainda ao querido amigo Alex Flemming, que gentilmente cedeu uma de suas belas obras para a ilustração de capa deste livro.

NOTAS

NOTAS

NOTAS

NOTAS

NOTAS

NOTAS

NOTAS

NOTAS

NOTAS

NOTAS

NOTAS

NOTAS

NOTAS

NOTAS

A Editora Contracorrente se preocupa com todos os detalhes de suas obras! Aos curiosos, informamos que este livro foi impresso no mês de junho de 2022, em papel Pólen Natural 80g, pela Gráfica Grafilar.